至尊三传
历辈班禅额尔德尼

苏发祥　主编

青海人民出版社

图书在版编目（CIP）数据

历辈班禅额尔德尼 / 苏发祥主编.—西宁：青海人民出
版社，2009.5（2010.10重印）
（至尊三传）
ISBN 978-7-225-03335-8

Ⅰ.历… Ⅱ.苏… Ⅲ.班禅—生平事迹 Ⅳ.B949.92

中国版本图书馆CIP数据核字（2009）第005936号

至尊三传

历辈班禅额尔德尼

苏发祥　主编

出　版： 发　行	青海人民出版社（西宁市同仁路10号） 邮政编码810001　总编室（0971）6143426 发行部（0971）6143516　6123221	
印　刷：	兰州新华印刷厂	
经　销：	新华书店	
开　本：	720mm×960mm　1/16	
印　张：	13.625	
字　数：	150　千	
插　页：	10	
版　次：	2009年5月第1版	
印　次：	2010年10月第2次印刷	
印　数：	5 001—15 000	
书　号：	ISBN 978-7-225-03335-8	
定　价：	32.00元	

目录

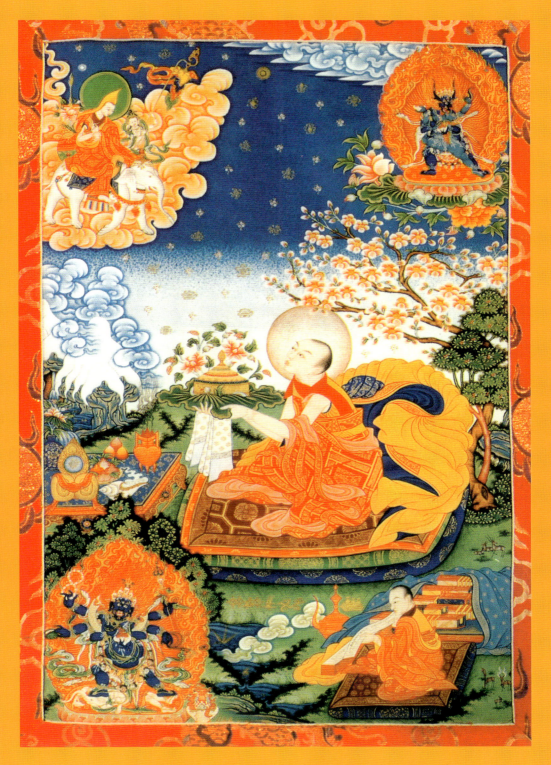

第一世班禅额尔德尼克珠杰（公元 1385～1438 年）

一世班禅克珠杰（公元1385～1438年），后藏拉堆雄人。幼年到萨迦寺出家。1403年，到前藏巴丰拜会了宗喀巴大师，不久，正式拜宗喀巴为师。1432年，被推举继任第三任甘丹池巴。53岁时圆寂。后被追认为第一世班禅。

一世班禅额尔德尼克珠杰

　　班禅额尔德尼是格鲁派最高的两大活佛转世系统之一的名号。班禅的称号始于公元 1645 年，藏历第十一饶迥阴木鸡年，清世祖顺治二年。当时控制西藏实权的厄鲁特蒙古和硕特部首领固始汗，封称宗喀巴的四传弟子、札什伦布寺的第十六任法台罗桑却吉坚赞为“班禅博克多”。“班”是梵文“班智达”的简称，汉语意为“学者、佛学家”；“禅”是藏语“钦波”，汉语意为“大”，合起来是“为大学者、大佛学家”之意。“博克多”则是蒙语，指有智有勇的英雄人物。固始汗划分后藏部分地区归他管辖，并按历辈师徒传承对前三世班禅进行了追认，宗喀巴的弟子克珠杰被追认为第一世班禅，索南确朗、罗桑丹珠为二、三世班禅。从四世班禅罗桑却吉坚赞开始，由历世班禅大师执掌札什伦布寺的法座，不再任命寺院的法台。公元 1713 年，藏历第十二饶迥水蛇年，清圣祖康熙五十二年，康熙帝册封五世班禅罗桑意希为“班禅额尔德尼”，“额尔德尼”是梵语，意为“珍宝”，并赐金册、金印，命他协助拉藏汗管理好西藏地方事务。从此，“班禅”这一封号就成为班禅系统的专用名称。

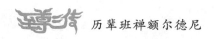

一、一世班禅的青少年时期

　　一世班禅额尔德尼名克珠杰·格勒贝桑布，简称克珠杰，1385 年（明太祖洪武十八年，即藏历第六饶迥木牛年）四月初八日诞生在后藏日喀则地区的拉堆多雄地方的曲沃村（今昂仁县境内）的一个官宦富有人家。他的父亲名叫贡噶扎西，母亲名叫布珍甲姆，他们共生有三个儿子，克珠杰是长子。据说克珠杰出生以后，村里的人都说他是克珠拉旺的转世，因此给他取名为克珠杰。

　　克珠杰自幼虔信佛法，并且很有慧根，很小的时候就经常进出于昂仁和萨迦等寺院听高僧讲经，后来被送到临近的萨迦寺出家为僧，并拜萨迦派的高僧僧格坚赞为亲教师，受了沙弥戒，取法名为"格勒贝桑布"。从此以后，克珠杰就很虔诚地信奉萨迦教派，听受了沙弥应学的各种知识。1400 年（明建文二年，藏历第七饶迥铁龙年），年仅 16 岁的克珠杰只身前往后藏地区各大寺院学经习佛，并开始在一些寺院立宗论说。在昂仁寺时，他与堪称一流学者的普东却列南杰的辩论堪称经典，并获得论辩胜利，以此名声鹊起，扬名全藏区。克珠杰随后返回萨迦寺，从吉尊热蓬娃学习显密诸要。

　　1403 年（明成祖永乐元年，藏历水羊年），当时宗喀巴大师正在遍游卫藏各大名刹，并广参各教派名师，进行精深的研习，在各静修之所潜心修炼，博学多闻，明辩通达，对于性相显宗诸部经典，都能悟晓贯通；对于大小五明也是通达明了，受到全藏区各大教派的推崇。由于宗喀巴大师在西藏宗教界有着极高的声誉，想在佛学上得到更高造诣的克珠杰慕名前往前藏找寻宗喀巴，并在前藏巴丰地方找到了正在传道布法的宗喀巴，并请求宗喀巴为其教授精深教义。宗喀巴为克珠杰讲说了经、律、论三藏，并授大威德灌顶。当时克珠杰钦佩宗喀巴佛学知识渊博超过世人，遂决定从宗喀巴为师，但未正式归宗认师，而是返回后藏，住在娘朵江拉寺。当时只有 19 岁的克珠杰在这一年撰写了流传后世的文学作品《说法狮子文殊菩萨赞》。

　　第二年，也就是 1404 年（永乐二年，藏历木猴年），克珠杰前往江孜拜巴郭曲登寺著名的高僧仁达哇·勋奴洛追为师，并受比丘戒，学习了《中观论》、《因明》、《般若经》、《俱舍论》、《律经》及密宗经典。在之后的两年里，克珠杰经常在仁达哇·勋奴洛追的座前听诸法要，逐渐精通了显密二宗。

二、拜宗喀巴大师为师

　　克珠杰的老师仁达哇·勋奴洛追是当时萨迦派最有名的高僧，宗喀巴在江孜地方的孜钦寺学经时，就曾拜仁达哇为师学《俱舍论》，双方建立起了深厚密切的师徒关系。

　　克珠杰在师从仁达哇·勋奴洛追学经期间，向上师表达了对宗喀巴的钦佩之情。于是，仁达哇·勋奴洛追就亲笔书写了一封引荐书信，让克珠杰到前藏拜宗喀巴为师，求得佛学真义。

　　1407 年（明永乐五年，藏历火猪年），22 岁的克珠杰带着仁达哇的亲笔信再次来到前藏，在色拉曲顶拜谒宗喀巴大师。一见面克珠杰就表达了自己的敬佩之意，并正式拜宗喀巴大师为师，从此改宗格鲁教派，成为格鲁派的忠实信徒，并在宗喀巴大师的传授下学了很多经典。

　　宗喀巴大师告诉克珠杰说："你是一位密法利根弟子，你的本尊应是金刚大威德。"于是，大师向他传授了有关金刚大威德的咒语、加持法及曼荼罗绘线法、十三尊大威德灌顶，并为他讲授了《十三尊畏怖金刚大灌顶》、《七观察续》、《三观察续》、《四瑜伽次第》等关于大威德的经典。

　　克珠杰是宗喀巴众多弟子中最有进步最有悟性的一位，被僧众称为"宗喀巴的第二大助手"（第一大助手是当时有名的高僧贾曹杰）。当时宗喀巴也非常器重他，曾这样称赞他："小沙弥已得般若，在四方法侣中，喜得大器。"克珠杰在甘丹寺学经的十个月里，常在宗喀巴座前听法，宗喀巴大师白天讲授《菩提道次第广论》、中观、因明等显教经论和《密集》、《欢喜金刚》、《胜乐》、《时轮》等密宗经论，晚上讲授生起次第、圆满次第要义。宗喀巴曾对他说："你要弘扬我的密咒教法"，并把自己的一颗牙齿赐给他，预示他将作为继承人讲经说法。在益希坚参所著的《道次师承传》里提到过："尔时（授完密法后），克珠仁波且向遍知法王上供会供轮等无量供，敬献金曼荼罗祈求。（宗喀巴）秘密授与不共上师之秘诀及密教多种教授，并说：'现在你已拥有圆满口诀，获得记录我的密咒笔记之诸要点，要勤于实践，若遇一二名有根器之弟子可以传授，撰写注释我显密论著的意趣之论著，尤其要弘扬甚深中观见与我的密教。'将所有教法传给他。"除了跟随宗喀巴大师学习外，克珠杰还虚心向贾曹杰、都增札巴坚赞、道丁降噶哇等人学习法要。

　　学习一段时间以后，克珠杰返回后藏，担任杨朵降惹寺的住持，被僧众誉为喜饶迦巴。随后他又在后藏修建了日沃德钦寺，并且常住寺中静修宗喀巴所传的显密经论。

三、巩固和发展格鲁派

　　1419 年(明永乐十七年,藏历土猪年)冬天,宗喀巴大师身患重病,他自知将不久于人世,便于十月二十三日这天,将他的弟子,也是他的第一大助手贾曹杰·达玛仁钦叫到自己的病榻前,把自己的衣帽授给了他,意思是由贾曹杰·达玛仁钦继任甘丹寺法台管理格鲁派教务,是为第二任甘丹池巴,将传播格鲁派教义的重任给了他。是月二十五日,格鲁派的创始人宗喀巴大师在甘丹寺圆寂,享年 63 岁。

　　克珠杰自虔心拜宗喀巴为师开始,便通读大师著述的所有经典,并开始踏上了弘扬宗喀巴教言及传播格鲁派教义的茫茫征途。克珠杰经常徒步数月奔走于西藏各地传播佛法,向众多僧俗宣讲大师的《菩提道次第广论》、《密宗道次第广论》,说服其他教派改奉格鲁教派,随着教派的发展,信徒也不断增加。宗喀巴圆寂后的前几年,克珠杰居于日沃当坚寺,将宗喀巴所传一切密法口诀分四段加以修行,证得了无学双运道。当时,应后藏江孜法王热丹贡桑帕巴之请,克珠杰来到江孜,负责在白居寺修建了诺布甘丹、章摩切、勒珠、协乃、上下色康等学经院,专门讲授宗喀巴的宗教思想,使格鲁派首次在远离主寺甘丹寺的后藏江孜地区开辟了根据地,向周围地区辐射。这除了江孜法王的支持外,与克珠杰的崇高威望和强大号召力也分不开。在这次活动中,克珠杰与江孜法王建立了联系。不久克珠杰仍然回到日沃当坚寺潜心修炼密法,间或去周围地区传教,扩大了格鲁派在这一地区的影响力,一些规模较小的他派寺院也因仰慕克珠杰的声望而改宗格鲁派。

与此同时，一些旧教派对宗喀巴所创立的格鲁派持敌对态度，极力贬低和诽谤格鲁教派。据说当时一位很有影响的宁玛派法王绒青巴一直撰文批评格鲁派教义，由于绒青巴在僧俗中有较高的声望，因此他的做法在当地群众中造成了对格鲁派很不好的印象。于是克珠杰专程找他，与他进行了长时期的辩论，结果克珠杰以其渊博的知识、缜密的思维，辩倒绒青巴，绒青巴也当面认输。这事传开后，克珠杰的声望大振，在格鲁派教徒中获得了极高的威望。

1431 年(明宣德六年，藏历铁猪年)，这时的克珠杰已经 47 岁。贾曹杰·达玛仁钦来到后藏内宁寺，克珠杰听闻后便前往拜见。在与贾曹杰·达玛仁钦会面后，贾曹杰请他继承甘丹寺法台，考虑到弘扬格鲁派教义的大业，克珠杰欣然答应，并与其同返前藏甘丹寺。抵达甘丹寺时，上座宝幢率殿内全体僧众迎接礼敬。贾曹杰宣布辞离法台之位，甘丹寺全体僧众共推克珠杰为甘丹寺第三任法台，并迎请他登上宗喀巴大师的狮子宝座，克珠杰向僧众讲授了《菩提道次第广论》，并传授诸尊灌顶。随后以曲嘉·饶旦贡桑为主要施主的拉萨贵族集团为甘丹寺提供许多资助，克珠杰也组织进行了大量的募捐活动，并获得了足够多的铜铁和黄金，在安葬有宗喀巴肉身银塔的藏式大殿的屋顶上，建造了一座汉式风格的金顶，这座金顶也是甘丹寺建筑历史上第一座金瓦寺。

第二年，贾曹杰·达玛仁钦在拉萨布达拉宫圆寂。克珠杰率僧众前往拉萨，将贾曹杰·达玛仁钦的遗体运回甘丹寺，在嘉康则院中火化，并在宗喀巴金塔右侧建造银塔供奉遗骨，甘丹寺的全体僧众为格鲁派这一伟大导师做了隆重的法会。克珠杰正式担任甘丹寺第三任池巴（法台），处理甘丹寺事务，为甘丹寺兴建了讲经札仓，并派众多弟子在卫藏各大寺院讲经说法，弘扬宗喀巴教法。克珠杰任法台达八年之久，为巩固和发展格鲁派，尽心竭力。八年间，他遵行传统，善转法轮，每年讲授《菩提道次第广论》一遍；他又新建了讲经院，委任释迦室利、努巴贝丹巴、喇嘛羊卓巴和曲扎巴四人担任轨范师；增设因明学院，专门讲授法相学，培养僧徒的逻辑思维能力和善辩才能。当时，有许多高僧前来或书信与他就空性进行辩论，故意驳斥宗喀巴的教理，而他对凡是"不达大师意旨之言说，皆加破斥，使大师不共之显密意趣远离污垢"。在密教方面，他除了定期登坛宣讲《密宗道次第广论》，还设置曼荼罗，传授灌顶，特别是对金刚大威德法倾注了更多心血。"复恐大师不共传承断绝，故将密法教敕枢要如空行之心血不惜对众广宣，纵有勇士空行责罚，亦不惜生命，志在佛法以讲说著述而令光显"，"使大师宗趣于此雪山奠基"。

克珠杰是全藏敬信的尊者宗喀巴的心传弟子，在藏传佛教史上声名显赫。自 1407 年克珠杰师事宗喀巴以后，跟随宗喀巴十二年，在阐述格鲁派教义、制定格鲁派的各种法规和学习程序、建立格鲁派寺院的管理制度等方面做了大量的工作。当时宗喀巴大师的宗教改革和格鲁派的创立和发展，除了当时西藏地方帕竹政权从政治和经济上支持外，还与他传承弟子们的全力支持及两大助手贾曹杰·达玛仁钦和克珠杰的大力倡导是分不开的。因此藏族宗教界把宗喀巴、贾曹杰·达玛仁钦和克珠杰三人合称为"师徒三尊"、"父子三尊"。克珠杰在跟随宗喀巴大师十二年中，由于对宗喀巴大师的思想教理有着深刻的体会和独到的见解，因此他所撰写的《宗喀巴传》高于其他大德尊者撰写的《宗喀巴传》的水平。

在宗教艺术方面克珠杰还是一位很有才华的画家和雕塑家,据传哲蚌寺贡布却珠殿堂的佛像、错钦大殿内的宗喀巴唐卡画、色拉寺俄巴殿堂内的仓巴佛像、曲登殿堂的壁画等等,都出自克珠杰之手。克珠杰的壁画代表作当推甘丹寺扬巴坚经院大殿墙上的《讲经图》,所绘人物近百个,各个形象逼真,造型严谨,用笔简洁,线描挺拔,着色雅致。

克珠杰一生著作等身,对阐释和推动格鲁派的发展起到了推波助澜的作用,密教著述所占比重较大。他的著作有《集密现证补充》、《集密金刚萨埵欢喜仪轨口诵》、《续部王吉祥集密生起次第广释成就海》、《大威德护轮》、《阎摩法王朵玛仪轨除障》、《金刚大威德十三尊生起次第疏》、《佛薄伽梵胜乐轮父母颂》、《胜乐金刚铃传规身曼荼罗生起次第难点》、《喜金刚九尊曼荼罗轮修法舍过》、《喜金刚随祷仪轨》、《喜金刚鬘详述誓愿》、《时轮灌顶法》、《时轮问答》、《续部总论》、《六段瑜伽》、《宗喀巴口诀大秘密续部海藏摄义甚深耳传笔记二十一篇》等等,达八十多部之巨。其中《时轮注疏》、《无垢光释大疏》、《喜金刚注疏》、《因明七论除暗庄严注》等在藏族文化历史上享有盛名,也为格鲁派的巩固和发展起到了重要作用。

1438年(明英宗正统三年,藏历第七饶迥土马年)二月二十一日,克珠杰·格勒贝桑布在甘丹池巴的宝座上圆寂,享年54岁。他的遗体火化后,舍利供在银质尊胜灵塔中。1645年(清顺治二年,藏历木鸡年),克珠杰·格勒贝桑布被追认为第一世班禅。

第二世班禅额尔德尼索南却朗（公元 1439～1504 年）

二世班禅索南却朗（公元 1439～1504 年），后藏日喀则江当区恩萨人。幼年到甘丹寺出家为僧。中年以后，回到故乡恩萨，为格鲁派在后藏地区的发展做出了重要贡献。65 岁时在恩萨寺的曲结颇章宫内圆寂。

二世班禅额尔德尼索南却朗

一、自称为"牛犊"

　　1439 年（明正统四年，藏历第七饶迥土羊年）的正月初十，在后藏恩萨地方（今日喀则江当区）的一个农民家庭里诞生了一个聪明可爱的小男孩，这个小男孩就是后来被追认为二世班禅的索南却朗。他的父母之名都无法在传记史书上获知。传说他从小就非常的聪明，很小的时候就能说出第一世班禅生前的一些事迹。

　　他幼年便被送到甘丹寺出家为僧。据说有一天，他到当时担任第四任甘丹池巴（即甘丹寺法台）、克珠杰的弟弟拔梭·曲结坚赞座前拜见行礼时，池巴见他很聪慧、可爱，便问他叫什么名字。索南却朗回答说："贝吾"（即牛犊的意思），拔梭·曲结坚赞就说："小牛会变成大牛"。由于在藏语里牛的发音是"朗布"，因此池巴给他赐法名为索南却吉朗布，简称索南却朗。拔梭·曲结坚赞见他灵慧异常，便收为门徒，授以灌顶。从此索南却朗就开始跟着池巴学经。

　　由于索南却朗勤奋好学，精通显密二宗，而且特别擅长于教理辩论，在当时甘丹寺凡与索南却朗辩论过的人，都败在他的手下，于是索南却朗在甘丹寺声名大著，并且获得有格西学位。索南却朗年纪小但特别聪明，加上他是在克珠杰圆寂的次年出生的，因此甘丹寺的僧侣们都认为他是克珠杰的转世灵童。

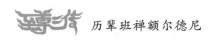

二、驻锡恩萨寺

在索南却朗生活的年代里，虽然宗喀巴大师及其弟子们已在拉萨修建了甘丹寺、哲蚌寺、色拉寺和后藏的札什伦布寺这四大寺院，但由于支持格鲁派的帕竹政权郎氏家族发生内讧，南北相争，势力中衰，后藏的仁蚌巴势力与噶玛噶举派相联合，对格鲁派采取了排斥的态度。仁蚌巴的武力控制了拉萨后，禁止哲蚌寺和色拉寺的僧人参加每年一度的祈愿大法会，宗喀巴创立的祈愿大法会的主持也改由桑浦寺和噶玛噶举派的高僧担任，格鲁派的发展受到一定的阻碍。

在这种时代背景下，已经人到中年的索南却朗，离开甘丹寺返回了位于后藏的故乡恩萨地方。索南却朗回到故乡以后，就住在恩萨寺，专事禅修，不问俗务，并在这里广收僧徒，传播格鲁派的教法，使这座萨迦派的寺院改奉格鲁派。据说他有大弟子十六人，均被派赴后藏各地宣扬格鲁派的教义，为在后藏地区发展格鲁派作出了一定的贡献。

索南却朗自己则在恩萨寺内建立了曲结颇章宫，担任恩萨寺池巴，主持日常的寺务，同时专心著述，阐述由宗喀巴创立的格鲁派教义。据说他的著作有多种，其刻板藏在恩萨寺。在他担任恩萨寺池巴期间，与札什伦布寺和位于日喀则西面的谢通门谿卡的札什甘贝寺建立了密切的关系，规定恩萨寺的僧侣必须轮流前往这两座寺院学经，进行辩论，以求深造。这是班禅活佛转世系统与札什伦布寺建立关系的开端。

索南却朗天生性格温和，并潜心佛事，在政教事务方面没有太多的建树，但他注重教理修持及密法传授，使得恩萨寺的密法传承闻名全藏。由于索南却朗在后藏僧俗中有较高的名望,因此被尊称为"恩萨朱古"(恩萨寺活佛)。

　　1504年(明弘治十七年,藏历第八饶迥木鼠年)三月二十五日,索南却朗在恩萨寺曲结颇章内圆寂,享年65岁。传说他圆寂时,天上下着绵绵小雨,乐声响彻天空。他的法身灵骨以宝塔供于恩萨寺中。班禅额尔德尼转世系统确立后,索南却朗被追认为二世班禅。

第三世班禅额尔德尼罗桑顿珠（公元 1505～1566 年）

三世班禅罗桑顿珠（公元 1505～1566 年），后藏日喀则江当区恩萨人。少年时主修佛教显宗，后赴札什伦布寺拜师学习《时轮金刚》、《大威德金刚》等。晚年回到故乡，在恩萨寺闭关静修，同时撰写著作。62 岁时于恩萨寺圆寂。后被追认为第三世班禅。

三世班禅额尔德尼罗桑顿珠

一、青少年时期广学佛法

三世班禅法名罗桑顿珠,于1505年(明孝宗弘治十八年,藏历第八饶迥木牛年)正月初四降生在后藏恩萨地方(今日喀则江当区)。父名索朗多吉,母名贝宗吉,其家庭与二世班禅索南却朗是同一个家族。据说他出生时,就会说"可怜的众生,唵嘛呢叭咪吽"等语。他母亲听后惊奇不已,觉得不吉祥,就用一块毛毡盖在他的头上。后来他成年后对人说:"就因为母亲的这种做法,使我一开始和同龄儿童讲话时,就言钝唇笨,谈吐困难。"他出生后,父母请香多日沃格培寺大堪布勒贝洛追为其取乳名贡波嘉。

1509年(正德四年,藏历第九饶迥土蛇年)对贡波嘉来说是毕生难忘的一年。这一年,他的母亲因病去世,年仅5岁的贡波嘉失去了母爱。不久,父亲便娶了一位继母。继母对年幼的贡波嘉丝毫没有怜悯之心,也从来不关心这个幼年丧母的可怜孩子的生活。贡波嘉无法忍受虐待,但他没有很好的办法来解决这个问题,小小年纪的他在心中萌生了要出家为僧以摆脱世俗苦难的念头,他对出家以后的生活满是憧憬和向往。

第二年,佛学大师嘉确贝哇来到恩萨地方修行,贡波嘉得知这一消息之后常常去大师修行的居所听经观佛,询问一些关于僧侣和寺院的事情。很快,聪明好问的贡波嘉便博得大师的喜爱。在大师的指导和帮助下,

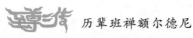

贡波嘉开始学习藏语文，并尝试接触一些浅显的佛学知识。在大师很好的指导下贡波嘉潜心学习藏文和佛学知识，并萌发了皈依佛法的念头，从单纯的想出家避难转变为渴望更加深入地学习佛学知识。贡波嘉自小喜欢幽静，喜欢长时间地凝视释迦牟尼和宗喀巴大师的佛像，相传他8岁时曾梦见一轮明月从金山升起，自己身着白衣，佩带珍宝饰品，手持铃杵居于月中，铃声响遍世间。这些都显示出他从小就与众不同。

贡波嘉在他12岁的那一年，也就是1516年（正德十一年，藏历火鼠年）的正月初十，在曲科吾顶寺以法主拉日孜巴·扎巴顿珠为堪布，楚臣仁钦为轨范师，拜列敦·曲吉坚参为师，受了沙弥戒。拉日孜巴·扎巴顿珠为其取法名"罗桑顿珠"，并向他传授佛教典籍，如宗喀巴大师的《菩提道次第广论》、格西博多瓦的《喻法论·聚宝》以及《吉祥时轮灌顶》、《大威德金刚四灌顶》。这年夏天举行夏季法会时，罗桑顿珠来到格佩拜见了阿阇黎（印度语，指教导善法的老师）楚称仁钦、拉日孜巴·扎巴顿珠，并与两位大师一起来到哲蚌寺参拜并修习经典。在这里跟随扎巴顿珠听受了菩提道次第的验证传授，以及时轮和大威德等的许多灌顶传承和教授。

第二年，罗桑顿珠跟从格佩寺的法主洛追坚参闻习了《集密不动四灌顶》、《本续》、《不动金刚》、《药师佛》，听受了吉祥密集的灌顶。由于恩萨寺前任池巴索南却朗在世时规定恩萨寺僧人必须轮流前往札什伦布寺学经习法，故前往札什伦布寺，在绛央罗桑协涅巴座前学习历算法等。没过多久，罗桑顿珠又回到格佩寺，拜洛追坚赞为师，学习《律藏》和《宗喀巴传》等。勤奋好学的罗桑顿珠同时还拜土登朗杰为师修习《十一面大悲观世音》、《四臂观世音》以及麻吉拉准所传《断行教诫》、《那若六法》、《集密》、《班禅曲坚之和合往生》、

《黑色六法》等。在继续拜师学经的过程中，当他在曲科吾顶寺杰尊喇嘛嘉却贝桑布座前聆听《密、乐、怖三灌顶》、《十一面观世音》等显密经典时，大师对他的修行进行了告诫："不要只听习今世之人的教诲，还要注重专心致志地在静寂处修行。"

　　1522年（嘉靖元年，藏历水马年），天花在后藏地区肆虐，传染很广，很多人感染以后因医治无效逐渐死去。修行苦学的罗桑顿珠也不幸感染。有一天，恩萨寺门前来了一位唱诵祝贺赞词的老迈的游方僧，身染疾病的罗桑顿珠一听到老人唱诵的语音，身体有了异样的感觉，心境也觉得豁然开朗。罗桑顿珠来到门口，看到了一位衣着破烂、皓首银须、貌似乞丐的老者，急忙把他迎请到室内，并向他请教。老人并没有马上答应罗桑顿珠，而是要求他数日后的某个时候到甲莫曲宗，然后便起身离开。罗桑顿珠不顾身患疾病，如约来到甲莫曲宗修行处。后来罗桑顿珠才知道这位年迈的游方僧就是远近闻名的大成就者曲多吉。老僧被他的诚心所感动，认定他是具根器的弟子，便传授了格鲁派祖师宗喀巴口授的一切教诫，并教给他治疗天花顽症的秘方。他也正式拜曲多吉为师学法修行，后来成为曲多吉最主要的弟子。回到恩萨寺后，罗桑顿珠按照曲多吉的秘方治好了自己。病愈之后，他到后藏各地周游，向民众传授这种秘法，解救不少垂危的病人。因为做了这件好事，罗桑顿珠在后藏人民中远近闻名。

　　在这之后罗桑顿珠逐渐学习印度梵文，并开始用梵语念诵《八千颂》。罗桑顿珠崇尚苦修，以大成就者米拉日巴为榜样，在日喀则亚东东部的巴南觉莫拉日山等地苦修，他的老师曲多吉在这里给他传授了《弟子问道录》。

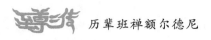

二、中年时期云游传教

在罗桑顿珠生活的时期，由于格鲁派的逐渐发展壮大，使得别的教派的发展受到影响，因此教派之间出现了矛盾，并引发了冲突和斗争。

1526 年（嘉靖五年，藏历木鸡年），止贡噶举派的宫巴·贡噶仁钦鼓动工布和雪卡的军队夺取了甘丹寺在止贡的寺属庄园，从而引发了一场止贡噶举派和格鲁派之间的冲突。之后两派的矛盾一直延续着，到 1537 年（嘉靖十六年，藏历火鸡年），止贡噶举派本希望再次通过武装斗争的形式进攻甘丹寺，中途在沃卡遭遇了伏兵，不得不放弃进攻甘丹寺的计划退到竹达。但他们仍然用武力迫使十八处属于格鲁派的寺院改宗，归属止贡噶举派。

格鲁派所受到的打击并没有阻止罗桑顿珠学经修行的步伐。1538 年（嘉靖十七年，藏历土狗年），时年 34 岁的罗桑顿珠两度来到拉萨。第一次云游到拉萨时，拜后来被追认为二世达赖喇嘛的根敦嘉措为师，听习《长寿灌顶》、《别解脱经》以及大师所著的书籍。后来再到拉萨，在哲蚌寺以根敦嘉措为堪布，仁旺仁钦巴为轨范师，哲蚌寺的强佐钦莫为屏教师，受比丘戒。受戒后返回后藏恩萨寺修行。

1542 年，罗桑顿珠的老师根敦嘉措在哲蚌寺圆寂。四年后，哲蚌寺上层僧侣认定堆龙地方年仅四岁的贵族幼童索南嘉措为哲蚌寺堪布根敦嘉措的转世灵童。索南嘉措被迎至哲蚌寺接替法位。格鲁派正式采用了噶玛噶举派自 13 世纪中叶发端的活佛转世系统。

1548 年（嘉靖二十七年，藏历土猴年），罗桑顿珠在被称作乌日的胜乐圣山下建起六柱经殿及僧舍等，弘扬格鲁派佛教。建寺剩下的土石余料被用来在经殿四面盖了四层楼房，被称作阿拉贝乌。由罗桑顿珠主持修建的这座寺庙被称作英萨曲结颇章。英萨曲结颇章建成之日，敬佩罗桑顿珠的卫藏各地送来许多供礼，场面相当恢弘。此时，该寺共有僧人 13 名，主要依靠化缘度日。

1553 年（嘉靖三十二年，藏历水牛年）开始，已经人到中年的罗桑顿珠背着衣钵，徒步前往后藏各地弘传佛法，教授经典，宣传宗喀巴大师创立的格鲁派教义。他云游到了后藏的许多地方，在各个地方都收了众多门徒。他的举措为格鲁派在后藏的发展作出了一定的贡献。

三、晚年回到恩萨寺潜心著书

在罗桑顿珠云游的同时，执掌卫藏大部分地区政权的帕木竹巴朗氏家族内部因争权夺势发生了冲突，继而出现分裂，帕竹势力受到削弱。政界的混乱波及到了宗教界，因得到帕竹政权全力支持而声势显赫的格鲁派也受到了影响。但这并没有动摇罗桑顿珠的修习。

1563 年（嘉靖四十二年，藏历水猪年），一直潜心研究佛学的罗桑顿珠回到故乡，在恩萨寺收徒传法并著述立说。第二年，23 岁的索南嘉措在哲蚌寺受比丘戒。本来罗桑顿珠收到邀请准备出席，但因仁蚌巴家族的排斥，而未能成行。他便继续留在恩萨寺修行，并在此潜心著述，安度晚年。他著有《菩提道次第论导文》、《罗桑扎巴修法次第释》、《上师瑜伽颂》、《上师六续部之瑜伽次第释义》、《双身胜乐金刚上师瑜伽》、《胜乐铃尊者

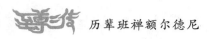

之修法》、《大乘长净律仪》、《法主却嘉多吉传要诀》、《上师集密心要》等55部佛学著作。另外还著有《甚深集密坛城正释》、《喇嘛绛央嘎波之修法》、《克珠雷贝顿珠传》、《吉嘉却贝桑传》、《密传》等。这一切的修为和学识，使得罗桑顿珠得到全寺僧众的拥戴，认为他就是原恩萨寺活佛索南却朗的转世，人们纷纷传他能"预知未来"，尊称他为"温萨巴"（即"恩萨巴"，恩萨地方人）。

1566年（嘉靖四十五年，藏历第九饶迥火虎年）正月，罗桑顿珠身患重病，自知将不久于人世，于是把大弟子克珠桑杰益西叫到病榻前，要他负责处理恩萨寺的各项事务，并说到自己为弘扬佛法，会尽快转世于白哇地方（今日喀则西兰伦热布谿卡的竹加白哇村），是年二月二十三日，罗桑顿珠在恩萨寺内圆寂，终年62岁。

三世班禅额尔德尼罗桑顿珠知晓医术又精通梵文，一生济世救生、潜心苦修，是西藏佛学历史上著名的佛学大师、有名的瑜伽修行者。他曾云游后藏各地，宣讲格鲁派的教义，并招收了许多门徒，对格鲁派在后藏的发展，做出了建设性的贡献。他在晚年时，一直在恩萨寺内闭关静修，并撰写许多阐述格鲁派教义的著作。由于罗桑顿珠在后藏地区有较高的声望，恩萨寺僧众后来正式确认罗桑顿珠为索南却朗的转世活佛，后被清廷追封为"三世班禅"。

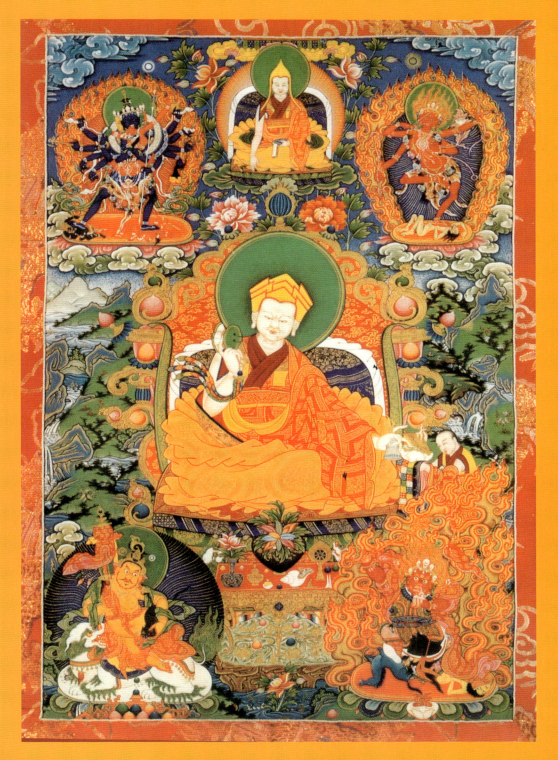

第四世班禅额尔德尼罗桑却坚（公元 1570～1662 年）

四世班禅罗桑却坚（公元1570～1662年），后藏日喀则之西兰伦热布奚卡的竹加白哇村人。13岁时到恩萨寺出家。14岁时任恩萨寺曲结颇章宫池巴。32岁时担任札什伦布寺的第十六任池巴。93岁时在札什伦布寺圆寂。

四世班禅额尔德尼罗桑却吉坚赞

一、恩萨寺历史上最年轻的池巴

　　四世班禅额尔德尼罗桑却吉坚赞，于1570年（明隆庆四年，藏历第十饶迥铁马年）四月十五日诞生在后藏拉珠嘉尔地方（今日喀则以西）兰伦热布庄园竹加白哇村的一个平民家庭。他的家族姓巴，父亲名叫仲措·贡噶伍赛，又名才仁班觉，母亲名叫措嘉。父母为他取乳名为曲嘉华丹桑波。

　　恩萨寺法台，即三世班禅罗桑顿珠辞世后，恩萨寺上下一直在四处寻访转世"灵童"，数年间一无所获。在曲嘉华丹桑波5岁时，恩萨寺的僧官和罗桑顿珠的大弟子，也是曲嘉华丹桑波的伯父克珠桑杰益西按照三世班禅圆寂前关于自己转世地方的指示，来到拉珠嘉尔，得知当地孩童曲嘉华丹桑波灵异非凡、善性具足，喜欢诵经打坐，自幼在家听诵《文殊菩萨真实名经》，便向他父母了解有关这个孩子的其他情况，他父亲提到这个孩子喜欢和僧人接触，并且在玩耍时，喜欢用衣服当袈裟，将来可以出家当喇嘛。克珠桑杰益西刚一见到曲嘉华丹桑波，就产生了一种这个小孩与众不同的感觉，于是决定留下来继续观察。经一个多月的详细观察了解，克珠桑杰益西认为这个孩子"聪明文静，性慈悲，好施舍，喜僧侣，恶烦嚣，能背诵多部经卷"，但这次寻访并没有完全认定灵童，只是在做前期的遴选工作而已，

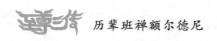

因此叮嘱曲嘉华丹桑波的父母要对他妥加保护和培养后，便离开了竹加白哇村。

1582 年（明万历十年，藏历水马年），曲嘉华丹桑波已经 13 岁了。正月初十这天，他的父亲才仁班觉将在家已学会不少经典的曲嘉华丹桑波送到恩萨寺出家修佛，拜伯父克珠桑杰益西为师并受沙弥戒，赐法名罗桑却吉坚赞，简称罗桑却坚，意为"善法幢"，从此罗桑却坚开始在寺内学经修法。但是当时寺僧对认定其为恩萨活佛转世灵童尚未一致。

克珠桑杰益西传授给他诸多密集灌顶的教法，并让他参加寺内组织的所有辩经会。罗桑却坚的聪慧善辩，博得诸位大师的佳评。当时江孜八果曲丹寺高僧慈诚来恩萨寺传法，与该寺喇嘛辩经论法。罗桑却坚也参与其中并与高僧对辩，虽然年幼，但在辩经场上逻辑严密、辩才精湛，使众僧叹服。高僧慈诚在法会结束后邀请罗桑却坚到自己的僧舍，敬上好茶，赠送精致的黄色"达甘"（格鲁派僧人所披的斗篷）一件，并请求罗桑却坚给自己传法。这事传出以后轰动了整个恩萨寺及其附属教民，众人议论纷纷，僧俗各界一致认为罗桑却坚就是恩萨活佛罗桑顿珠的转世灵童。在恩萨寺僧众反复的商讨和再三恳求下罗桑却坚于 1583 年（万历十一年，藏历水羊年）的二月初三日登上了恩萨寺曲结颇章宫内的池巴（法台）法座，同时恩萨寺也隆重地为罗桑却坚举行了恩萨"朱古"（转世化身）的坐床典礼。在恩萨寺的历史上罗桑却坚算是最为年轻的法台，那年在法座上的他才有 14 岁。

就任恩萨池巴后，罗桑却坚并未主持寺政，而是继续研习显密经典和大小五明，并开始将所悟之佛法著述成册、传布经典。

1586 年（万历十四年，藏历火狗年），罗桑却坚 17 岁时，为了能够更好地钻研佛学的精义，他辞去恩萨池巴之位，前往札什伦布寺推桑林札仓学习显宗经典，当时在与札什伦布寺第十三任池巴桑主巴桑见面时只是相互交换哈达，并未顶礼，而札什伦布寺寺属各札仓堪布、僧官均前来磕头，以示对尊者恩萨朱古的敬仰，并承认罗桑却坚就是恩萨寺活佛罗桑顿珠转世化身。在寺院期间他一直努力学习《因明论》，参加辩论据理观察，才思敏捷，成为札什伦布寺有名的雄辩大师。入寺不久，罗桑却坚在札什伦布寺取得"热钦"（黄教对博学喇嘛的尊称）学位。

　　1591 年（万历十九年，藏历铁兔年）七月初三，22 岁的罗桑却坚拜札什伦布寺第十四任法台唐却雅佩为师，以班觉嘉措为轨范师，以拉旺洛追为屏教师，在拉章坚赞宫中受比丘戒。

　　是年秋天，他前往拉萨朝拜大昭寺供奉的文成公主从内地带来的释迦牟尼佛像，并举行了祈祷供养的法会。随后就前往他心仪许久的、宗喀巴亲手创立的格鲁派母寺甘丹寺，听受了《五次第明灯论》的讲授传承，从甘丹池巴丹曲贝巴处学习多种觉字的法门传承。在甘丹寺罗桑却吉修行数年，求知心切，拜师甚多，所修佛典内容也包罗万象，受了时轮金刚大灌顶、时轮略续、大疏等许多传承，并随师受《集密四疏合本》和二世达赖著述的传承，系统地研修了显密两宗以及大小五明。他也经常出现在云集前后藏、青海、康区、蒙古等各地高僧大德的辩经会场，而且应答如流，毫无差错，每每获胜，而且还能指出某些格西对佛经的错误见解。罗桑却坚逐渐声誉鹊起，以学识渊博、辩才精湛而闻名于格鲁派各大寺院。

　　1598 年（万历二十六年，藏历土狗年），29 岁的罗桑却坚返回阔别多年的恩萨寺继续担任池巴，正式接受寺政事务，广纳佛徒、传法布施，慕名而来的僧徒汇集此地，一时恩萨寺成为后藏地区影响较大的寺院。此时他入住山中形同闭关，一面修持，一面阅读《现观庄严论》、《宝性论》、《中观论》、《宝鬘论》、《六十正理论》、《入中论》、《入菩萨行论》、《菩提道灯论》等重要典籍，进一步提高了自己的佛学造诣。当时札什伦布寺以西有一岗坚曲培寺，寺内池巴缺位，通过岗坚曲培寺全体僧众和当地第巴（地方官）的商讨，一致决定敦请罗桑却坚担任该寺法台。罗桑却坚考虑到岗坚曲培寺的现实处境，也未推辞，于是年十月二十五日，即宗喀巴逝世纪念日，兼任了岗坚曲培寺的池巴之位，成为恩萨寺与岗坚曲培寺两寺主持。在就任岗坚曲培寺法台不久，在他的亲自主持下修葺了年久失修的岗坚曲培寺，并举行开光仪式庆祝竣工。

二、兼任札什伦布寺池巴

1601 年（万历二十九年，藏历金牛年），札什伦布寺的第十五任池巴拉旺洛追卸任，经札寺的僧众商讨后一致决定迎请罗桑却坚担任札什伦布寺第十六任池巴。但罗桑却坚考虑到自身已经担任恩萨寺和岗坚曲培寺两寺住持以及寺内事务十分繁忙的情况，当即就回绝了这一邀请。但札什伦布寺派出了高级僧官桑结巴桑、云丹、列巴等人前来敦请，在僧众的一再恳请下，罗桑却坚也就只好接受，但许以两年为限。

当年的二月初三日，罗桑却坚就任札什伦布寺第十六任池巴，这也是班禅额尔德尼转世系统以札什伦布寺为母寺的开端。任札什伦布寺法台后，罗桑却坚发现札什伦布寺寺政废驰，僧众生活极苦。他先组织人员铸造了一口大锅，一次可煮一千五百多斤米，可供两千僧众同时吃饭；同时又铸造了熬茶的三口大锅和十八个大铜茶壶。这样一来，寺僧的吃饭、喝茶问题都得到解决，为僧众提供了良好的修习条件。当时札寺的谿卡（封建庄园）很少，收入不足以支付日常开销，为增加收入，罗桑却坚在附近讲经说法筹集善款，当地封建领主向札寺捐献了一批谿卡，增加了札什伦布寺的收入。由于寺内生活改善，纪律严明，僧众都称颂罗桑却坚治寺有方。

罗桑却坚采取的第二大举措，就是在 1603 年（万历三十一年，藏历水兔年）仿照拉萨"牟楞钦茂"传召大法会制度，创建了札什伦布寺的"牟楞钦茂"传召大法会（即正月祈愿大法会），规定每年藏历正月初三至十六日为会期，其内容与拉萨大昭寺的传召大法会相同。这样不但免除了该寺僧众每年到拉萨参加传召大法会往返要花两个月的辛苦，而且扩大了在教民中的影响。这期间，在他的主持下，向当地地方官募集钱财，组织人力绘制了一幅巨型佛像，以取代年久失色的佛像；新建了僧众每日聚会诵经的大经堂，命名为扎玛拉康；两度到拉萨向当地的封建领主募集铜铁和金叶后，修建了札什伦布寺历史上最早的两座金顶的金瓦殿；还创建了专修密宗的欧巴札仓（即密宗经院），解决了札什伦布寺喇嘛修完显宗后要去拉萨的上下密宗院学习的问题，使札什伦布寺发展成为有完整的显、密传授系统的大寺院。

1613 年（万历四十一年，藏历水牛年），44 岁的罗桑却坚担任札什伦布寺的池巴已经整整 13 年，远远超过最初允诺的两年任期。他提出自己学识浅薄，不敢久踞高位，希望僧众另选高僧就任池巴一职，他自己要回恩萨寺闭关静修。札什伦布寺全体僧众讨论后一致挽留，罗桑却坚推辞不了，不得不继续留任。

三、与四世达赖、五世达赖确立师徒关系

1602 年（万历三十年，藏历水虎年），三世达赖喇嘛索南嘉措的"转世灵童"在漠南蒙古被认定，由蒙古骑兵护送，于第二年到达西藏北部的热振寺，举行了隆重的"坐床"典礼，随后又将四世达赖喇嘛迎请到哲蚌寺的甘丹颇章。拉萨三大寺僧众共同决定敦请罗桑却坚到拉萨为四世达赖喇嘛剃度授戒。罗桑却坚应邀前往拉萨哲蚌寺，与甘丹池巴根顿嘉措共同给四世达赖传授沙弥戒，取法名为"云丹嘉措"（智海）。这是班禅额尔德尼与达赖喇嘛建立的第一次师徒关系，从此长者为师，幼者为徒，成为班禅和达赖这两大转世系统的定例，只有在双方都年幼的情况下例外。在这期间罗桑却坚给哲蚌寺的全体僧众发放布施，熬了"芒嘉"（斋僧茶），单独给云丹嘉措传了许多秘法，两人建立了亲密的关系。第二年正月，罗桑却坚参加了在大昭寺举行的"牟楞钦茂"传召大法会，向参加大会的所有僧众放了布施，熬了"芒嘉"茶，并讲经一次。

"牟楞钦茂"大法会结束后，罗桑却坚辞别四世达赖云丹嘉措，前往热振寺讲经说法。尔后，他回到拉萨，打算向四世达赖云丹嘉措告辞后返回札什伦布寺。见面后，云丹嘉措邀请罗桑却坚一同前往由二世达赖喇嘛创立的山南圣母湖畔的群科杰寺，罗桑却坚欣然同意。师徒二人徒步出发，先于德钦地方"闭关坐静"二十一天，期间罗桑却坚向达赖喇嘛传授了宗喀巴所著的全部著作。之后，师徒二人又转移到沃卡地方，在沃卡又住了半月光景，然后才到圣母湖，朝拜了群科杰寺。朝拜结束，罗桑却坚向云丹嘉措辞别，又返回沃卡，从那里到桑日地方，给当地拉加里王传法后前往桑耶寺。

这一年的七月初三,他才返回札什伦布寺。两位尊者在这段步行朝拜修行的过程中建立了更加亲密的关系,为日后共同管理西藏政教事务奠定了良好的基础。

1605年(万历三十三年,藏历木蛇年),四世达赖喇嘛云丹嘉措派人前往札什伦布寺邀请罗桑却坚前往拉萨授教传法。罗桑却坚应邀前往拉萨,为达赖喇嘛传授"时轮金刚灌顶"。应山南多位地方官的再三邀请,罗桑却坚到山南的卡多、琼结、乃东、泽当等地讲经传法,并去雍布拉岗、昌珠、桑寺等寺礼佛供养,熬茶布施。夏季来临后,罗桑却坚返回札什伦布寺。

1607年(万历三十五年,藏历火羊年)六月,四世达赖喇嘛云丹嘉措前往札什伦布寺看望罗桑却坚。当时格鲁派面临着危机四伏的局面,虽然格鲁派在蒙古有着很多的教民,蒙古的众多部落头领都皈依格鲁派,但藏巴汗和噶玛噶举、直贡噶举在政教事务上的重重逼迫,使得格鲁派面临巨大的危险。为了能够为格鲁派提供较好的传法环境,形成一面具有巨大号召力的旗帜,罗桑却坚打算与云丹嘉措一起担负这一保派护教的重任,共同抵御外部势力的打击。所以罗桑却坚就为达赖喇嘛这次难得的造访赋予很多的意义,不仅把它看作是一次弟子拜访上师以求佛学精要的师徒之间的来访,而且也把它看作是一次可以大大抬高达赖喇嘛威望的绝好机会。

四世达赖喇嘛造访这一天,札什伦布寺梵香缭绕,罗桑却坚亲自率身着盛装的一百多位僧人,骑着骏马、手撑宝伞前往年楚河边迎接达赖喇嘛的到来。三千余僧众手执梵香夹道排开,数以百计的僧人在札什伦布寺所有扎仓房顶吹响法号,以藏传佛教最高规格的仪式迎接贵宾莅临。达赖喇嘛驻锡札什伦布寺的一个多月内,几乎每天都与罗桑却坚讲经说法,讨论目前所面

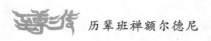

临的现实情况，师徒关系因此又进一步加强。达赖喇嘛临行前，罗桑却坚送数匹以供骑乘的骏马为之送行，并亲自送至岗坚曲培寺才与四世达赖惜别。

第二年，达赖喇嘛又派人邀请罗桑却坚到拉萨哲蚌寺为僧众和他自己传法讲经，罗桑却坚欣然接受，前往拉萨。这次罗桑却坚的到来也同样受到了哲蚌寺全体僧众的隆重欢迎，欢迎的前行队伍在离哲蚌寺二十里的堆隆河大桥头列队排开，达赖喇嘛亲自率领哲蚌寺的全体僧众在寺门外迎接上师罗桑却坚的到来。师徒二人见面后非常高兴，互换了哈达，并举行碰头礼。此次到访，罗桑却坚为四世达赖喇嘛云丹嘉措和哲蚌寺全体僧众传授了"金刚念珠"法。

1611年（万历三十九年，藏历铁猪年），罗桑却坚受邀再度来到拉萨，为四世达赖喇嘛云丹嘉措和色拉、哲蚌两寺的优秀仪轨师和格西传授所有金刚曼乘之灌顶。

1613年（万历四十一年，藏历水牛年），拉萨要举行"牟楞钦茂"传召大法会。按照格鲁派的传统，"牟楞钦茂"传召大法会一般都由达赖住持，但这次达赖喇嘛因自己年幼，无力主持大型法会，故请自己的上师罗桑却坚前往主持。罗桑却坚和以往一样谦逊地拒绝，无奈来人言辞恳求，只好答应前往。这样，罗桑却坚便成为代替达赖主持该会的第一位班禅喇嘛。

第二年正月，达赖喇嘛又一次派人到札什伦布寺邀请罗桑却坚前往拉萨哲蚌寺任亲教师，给自己授比丘戒。罗桑却坚欣然前往拉萨，给云丹嘉措授了比丘戒，也为以小圣僧（指蒙古王室出家人）为首的从北方来朝圣的数百香客传授近圆戒，同时还给哲蚌寺的一千多喇嘛授了沙弥戒和比丘戒。热振寺趁此良机也派人来请罗桑却坚授戒，他不顾连日忙碌导致的身体疲劳，又前往藏北热振寺，为改寺的一百多喇嘛授了沙弥戒和比丘戒。

仅仅两年后，也就是 1616 年（万历四十四年，藏历火龙年）十二月十五日，只有 28 岁的四世达赖喇嘛云丹嘉措突然在哲蚌寺的甘丹颇章宫内暴亡。为了料理云丹嘉措的后事，极度悲痛的罗桑却坚匆匆赶到拉萨，主持四世达赖喇嘛法体的超度仪式，祈祷"灵童"早日转世。由于达赖喇嘛的突然逝世，原由达赖喇嘛兼任的哲蚌、色拉两寺的池巴之位开缺，两寺僧众一致决定，迎请罗桑却坚担任哲蚌、色拉两寺的池巴，罗桑却坚考虑到自己精力有限，兼任的池巴又太多，再加上哲蚌、色拉两寺池巴的位置意义重大，就固辞未就。

四世达赖云丹嘉措圆寂后，藏巴汗竟下令不准达赖转世，罗桑却坚只得在等待时机的同时着手秘密寻找"转世灵童"的工作。好在没过多久，藏巴汗突然身患重病，迫不得已只好去请罗桑却坚前来治病。罗桑却坚认为这是一个绝好的机会，便前往治好了藏巴汗的病，并提出要藏巴汗允许云丹嘉措的灵童转世作为回报。藏巴汗只好取消了不许云丹嘉措的灵童转世的命令，格鲁派的传承得以维系。于是，哲蚌寺的僧人就公开到各地寻找四世达赖喇嘛的"转世灵童"。

1622 年（天启二年，藏历第十饶迴火狗年），哲蚌寺的僧人在山南琼结地方的一个贵族家觅得年已 6 岁的四世达赖喇嘛的"转世灵童"。哲蚌寺僧众将"灵童"迎至哲蚌寺供养。

1625 年（天启五年，藏历木牛年），罗桑却坚应邀到拉萨哲蚌寺，为五世达赖剃度，取法名为阿旺罗桑嘉措，并传授了沙弥戒。四世班禅与五世达赖之间也建立了师徒关系。

之后，罗桑却坚多次为五世达赖罗桑嘉措传法。

1631 年年底，罗桑却坚前往拉萨哲蚌寺向五世达赖喇嘛传授时轮金刚等诸多灌顶，并当面邀请达赖喇嘛在适当的时机访问札什伦布寺。次年春，罗桑却坚主持大昭寺法会，宣讲了《本生论》，同时在哲蚌寺为五世达赖传授时轮大灌顶等法。1638 年四月初五，罗桑却坚应邀前往哲蚌寺为五世达赖罗桑嘉措授了比丘戒。这一年拉萨地区发生了一场罕见的天花病疫，很多人染病而死，考虑到五世达赖喇嘛的安全，罗桑却坚陪同五世达赖喇嘛在热振寺山后的甘丹康萨地方躲避灾疫。在陪同期间他又给五世达赖喇嘛教授了宗喀巴大师的全部著作，建立了非常紧密的联系，并共同探讨了格鲁派当前所面临的现状以及解决问题的对策等实质性话题。

四、与藏巴汗的迫害进行斗争

罗桑却坚生活的这个时代，正是西藏历史上格鲁派与其迫害势力进行殊死较量的时期。由宗喀巴发起的藏传佛教的宗教改革运动具有进步作用，得到了包括当时西藏地方政权的当权派帕竹第司在内的广大人民的拥护和支持。但是，这场运动与旧势力的利益发生了冲突，受到保守势力的打击、排挤和摧残。这场持续了数十年时间的斗争，迫害者主要是当时夺取了西藏地方政权的世俗大农奴主首领藏巴汗，以及噶玛噶举派和止贡噶举派，他们不仅有土地和农奴，而且还有自己控制的军队和地方政权。被迫害的一方是以达赖喇嘛、班禅喇嘛为首的格鲁派，他们依靠的是严密的寺院组织与僧侣势力，还有一部分地方的第巴的支持，虽然他们也拥有一些政权与军队，但迫害者占有一定优势。

以噶玛噶举派、止贡噶举派和藏巴汗为主力的对格鲁派的公开迫害，从 16 世纪时就开始了。到了罗桑却坚生活的时期,迫害更加变本加厉。1605 年(万历三十三年,藏历木蛇年),藏巴汗与止贡本勤贡噶仁青联合起来,集中兵力打败了一直支持格鲁派的第巴吉雪巴,毁坏前藏的色拉寺、哲蚌寺,驱逐僧众,杀害僧侣和藏民五千多人。躲过这场劫难的哲蚌和色拉两寺剩余的喇嘛打算从北面逃到青海去,经过达砻地方时,得到属噶举派的达砻寺寺主夏冲·阿旺朗杰的帮助,他劝众人不要去青海,并让他们在达砻寺暂时安顿下来。随后,阿旺朗杰派人和藏巴汗疏通,允许两寺的僧人仍回原寺,得到了藏巴汗的同意。藏巴汗为了惩罚哲蚌、色拉两寺的僧侣,要他们每年缴纳一大笔罚金。

　　1616 年,四世达赖喇嘛云丹嘉措在哲蚌寺甘丹颇章宫内暴亡。当时西藏社会舆论一致推测是藏巴汗所为,但没有确凿证据。藏巴汗认为四世达赖喇嘛的去世是限制和打击格鲁派势力的绝好时机,于是下令禁止寻找四世达赖喇嘛的转世灵童。这一决定对在斗争中已处于劣势的格鲁派来说无疑是雪上加霜,如不采取强硬有效的措施,格鲁派就可能从此一蹶不振。藏巴汗的这一举动同时也引起了崇信达赖喇嘛的蒙古喀尔喀部的不满。第二年,四世达赖喇嘛的强佐索南热丹和格鲁派的支持者吉雪第巴措吉多杰联合了拥护格鲁派的前藏各地方首领,并请来了喀尔喀部阿巴岱的弟弟图蒙肯率领的两千蒙古兵围剿藏巴汗。藏巴汗的军队被击败,退到江唐岗和药王山,形成对峙局面。这时,罗桑却坚和甘丹池巴楚臣群培、达砻寺夏冲·阿旺朗杰等人出面调停,拟定了停战协议。停战协议包括将拉萨河下游的寺院和庄园划归格鲁派,退还被藏巴汗抢占的甘丹、色拉、哲蚌三寺的所有寺属庄园,恢复前后藏被迫改宗的格鲁派寺院,允许四世达赖喇嘛转世等条款。藏巴汗接受了其他所有条款,惟独坚持不让四世达赖喇嘛转世。

藏巴汗经过喘息之后重整兵力,于 1618 年(万历四十六年,藏历土马年)率兵一万攻占了前藏,并攻入乃东王宫,彻底推翻了帕竹政权,正式宣布噶玛噶举派黑帽系第十世法王却英多吉为第司,将首府设在日喀则,但实际权力仍控制在藏巴汗手上。七月,藏巴汗的军队攻占了哲蚌、色拉两寺,抢劫了两寺,使两寺在经济上受到很大损失。罗桑却坚听闻消息后,立即派人带着大批财物前往拉萨,给哲蚌、色拉两寺的僧人放了五次布施作为救济。不久,藏巴汗的军队再入侵哲蚌寺,捣毁了三世达赖索南嘉措的灵塔,将灵塔上镶嵌的金银珠宝洗劫一空。罗桑却坚又马上发起募捐,筹集了很多钱,重新修复了三世达赖的灵塔,并给甘丹、色拉、哲蚌三大寺的僧众放布施,赠送给每位僧人一尊小佛像、一条哈达,表示救济和慰问之意。

在与藏巴汗斗争的过程中,罗桑却坚不忘坚持弘扬佛法。1623 年,帕木竹巴和止贡两个教派互相攻讦争战,导致西藏局势动荡不安。罗桑却坚随后又出面调解双方,平息了这次冲突,并将大昭寺中的观音殿修葺一新。1626 年(天启六年,藏历火虎年),甘丹寺大众礼请罗桑却坚登座说法。两年后,罗桑却坚至拉萨主持大昭寺法会,在大昭寺向释迦牟尼佛像敬献了纯金项饰,并给多数神像以珍宝和五彩绫罗绸缎供养。之后他往来于甘丹寺、札什伦布寺及大昭寺之间传法讲经,并出资修建甘丹寺宗喀巴大师塔殿的金瓦顶。1631 年(崇祯四年,藏历铁羊年),时年已 62 岁的罗桑却坚开始书写全部大藏经,历时半年余,同年往拉萨传授金刚鬘大灌顶。1635 年(崇祯八年,藏历木猪年),罗桑却坚再度发愿以纯金书写《甘珠尔》,组织了 80 余位擅长书法者将《甘珠尔》缮写于汉地精制青蓝纸上。1638 年(崇祯十一年,藏历土虎年),罗桑却坚任亲教师,为五世达赖喇嘛正式传授了近圆戒后，赴桑耶、斋嘎、拉加里、琼结、切嘎、乃东、泽当、昌珠等西藏南部各地弘法利生，并到各寺院圣地朝佛。第二年，罗桑却坚应蒙王赛钦法王之请，前往拉萨传授大威德灌顶和文殊法类，又传授达赖喇嘛《无垢光大疏》、《智者入门》等经论。

当时藏巴汗政权对格鲁派的压迫日益加剧，西藏的政治、教派斗争也渐趋白热化，藏巴汗想联合外部势力彻底铲除格鲁派。为此，他开始网罗西部蒙古部落的头人，说服他们攻击格鲁派。1633年，漠南蒙古察哈尔部首领林丹汗应藏巴汗的秘密请求，率军入侵西藏，意欲消灭格鲁派势力。然而林丹汗在途中于夏日塔拉地方病亡，藏巴汗的这次阴谋破产。

急欲消灭格鲁派的藏巴汗并没有放弃他的计划。第二年，漠北蒙古喀尔喀七大部落的首领却图汗，在与当地其他部落的王公发生内战时失败，被迫率领部众逃窜到青海，征服了原在青海游牧的蒙藏部落，成了实际上的青海王。由于却图汗是噶举派噶玛巴的信徒，于是藏巴汗便派人去青海请求帮助。却图汗答应在适当时机派蒙古骑兵入藏消灭格鲁派。

罗桑却坚和五世达赖很快知道了这个消息。他们和五世达赖的强佐索南群培、支持格鲁派的封建领主吉雪第巴商议，决定从蒙古族首领中寻找同盟者。由于当时形势非常严峻，罗桑却坚和五世达赖派哲蚌寺的几位僧人化装成其他教派的喇嘛，连夜赶往新疆，与蒙古族和硕特领袖固始汗取得联系，并请求发兵支援拉萨。作为格鲁派忠实信徒的固始汗答应全力击败却图汗和藏巴汗。

固始汗很有谋略，他认为在不知道敌我双方的具体实力的情况下不能贸然出兵。1636年（崇祯九年，藏历火鼠年），固始汗化装成朝拜者携带财物潜入拉萨，在以香客身份前往西藏朝佛的路上，他们分析局势，侦察虚实，了解行军路线。固始汗到拉萨以后秘密拜见了罗桑却坚和五世达赖，敬献了大量的金银，并就如何保护黄教，消灭其敌对势力以及派代表前往盛京（今沈阳）和清政权联系等事宜进行了建设性的商讨。他们商定了先消灭却图汗、再消灭同样迫害格鲁派的西康白利土司顿月多杰、最后消灭藏巴汗的战略计划。

　　回到新疆以后，固始汗组织了一支联军。这支联军以和硕特部为主力，绰罗斯部为左翼，土尔扈特部为右翼，于 1637 年出兵青海。长途跋涉的联军先在青海峡谷地区和却图汗的骑兵打了一些零星小仗，然后在大小乌兰和硕山之间进行了一场血战。固始汗的军队以一万余人打败了是他们兵力三倍的却图汗的部众。这场以少胜多的战争相当惨烈，据说最后两座山之间血流成河，这场战争在青海历史上就叫"血山之战"。大战结束后，固始汗派他的儿子达赖台吉率军追杀却图汗的残部，杀掉了却图汗。这样一来，却图汗在青海的统治土崩瓦解，固始汗取而代之。

　　消灭了反格鲁派的却图汗后，固始汗于 1638 年再扮香客入藏，并与五世达赖和罗桑却坚相见。五世达赖按照蒙古的习俗，赠给固始汗"丹增却杰丹波"（执教法王）的名号，还赠以印鉴和宗喀巴金像，同时对其子和亲信也赠以称号。

　　却图汗被消灭以后，康巴藏族白利土司顿月多杰感到恐慌，对格鲁派也更加仇视。1639 年（崇祯十二年，藏历土兔年），白利土司顿月多杰致信藏巴汗，约定次年共同举兵扑灭格鲁派。这封信半路上被格鲁派僧人截获并送交固始汗。是年五月，早有准备的固始汗，立即发兵，以土尔扈特部子弟为先锋向康区进兵。白利土司也动用了他的全部军事力量进行抵抗。战争持续了一年多，固始汗最终占领了白利土司统治下的全部地区，俘虏了顿月多杰并将其处死。他还释放了白利土司关押在监狱里的格鲁派、萨迦派、噶举派、宁玛派的所有喇嘛，得到了西藏各教派全体喇嘛的尊敬和感激。

大获全胜的固始汗决定乘胜追击。1641年（崇祯十四年，藏历铁蛇年），固始汗率大军向西藏进兵。在此之前，藏巴汗已经感到形势对自己不利的变化，于是改变策略，表面上对格鲁派的态度有所缓和，为了讨好罗桑却坚，将后藏的两个谿卡捐赠给札什伦布寺。罗桑却坚得到这两个谿卡后，人力、物力都大大增加。固始汗的军队进入西藏后，很快占领了前藏大部分地区，藏巴汗率残部退守后藏，同时请罗桑却坚出面调解。罗桑却坚同意后，亲赴蒙古兵营面见固始汗。固始汗表示要占领全藏，不允许藏巴汗政权存在，但如果藏巴汗交出军政大权则可免其一死，并给他一个谿卡安度晚年。藏巴汗不接受这个条件，于是战争继续在后藏地区进行。

第二年，藏巴汗节节败退，后藏大部分地方被固始汗的军队占领。藏巴汗再次请罗桑却坚出面调解。固始汗请罗桑却坚转达了他的意思，表示仍然坚持上次提出的条件。经过罗桑却坚的一再劝说，自觉走投无路的藏巴汗只得投降，向固始汗交纳了茶叶、酥油、糌粑以及金银珠宝等物品共一千余驮，藏巴汗本人也到固始汗面前认罪。固始汗最初把藏巴汗关在柳吾谿卡，后来找到藏巴汗想联合噶玛派，伺机囚禁罗桑却坚和五世达赖的证据，改变了不杀他的想法，把藏巴汗用湿牛皮缝裹起来，丢到柳吾谿卡附近的河里淹死。这样，统治了西藏地方24年的藏巴汗政权正式结束。西藏地方建立了以达赖为首的甘丹颇章政权，从此确立了格鲁派在藏传佛教中的统治地位。此后，固始汗的势力主导着西藏，他下令把西藏三区十三州政教大权及每年税收奉献给五世达赖作为供养，将西藏首府由桑主迁移到拉萨，达赖也由哲蚌寺移锡至布达拉宫。

这次殊死较量，最后以格鲁派的大获全胜宣告结束。在这次斗争中，罗桑却坚实际上是幕后主持者，大家公认他是实际领袖，1645 年（清顺治二年，藏历木鸡年），为了表彰罗桑却坚在消灭藏巴汗势力中的贡献，固始汗仿照俺答汗赠给索南嘉措"达赖喇嘛"尊号的前例，赠给罗桑却坚"班禅博克多"的尊号。"班"为梵语"班智达"的简称，意为精通佛教五明之学的贤哲；"禅"为藏语"钦波"的简称，意为"巨大"；"博克多"是蒙语，是对睿智英武圣明之人的称呼。从此"班禅"成为这一活佛转世系统的专称。同时固始汗亦将后藏的数十个谿卡赠给札什伦布寺，以作僧众的供养。自此形成达赖与班禅分辖前后藏的情势。

在四世班禅罗桑却坚的带领下，格鲁派得以幸存，并建立了自己的政权制度，同时将达赖与班禅由哲蚌寺和恩萨寺的一寺活佛，推而成为主导全藏政教的宗教领袖。

五、建立与清朝中央政权的从属关系

西藏政局经固始汗和罗桑却坚、五世达赖的努力基本稳定下来后，他们决定归顺清朝。通过五世达赖进京受封，正式建立了与清朝中央政权的从属关系，从而使西藏的前途同中央政权紧密地联系在一起，对维护祖国的统一，促进汉、满、蒙、藏各民族的团结作出了巨大贡献。

早在清军入关前，看到明朝衰败气象的固始汗、罗桑却坚和五世达赖就议定要归清。而在关外的后金统治者也对西藏格局了如指掌，决定对他们联络收抚。

1637年，固始汗、罗桑却坚和五世达赖派以色钦曲结为首的使团前往盛京，随团携带了西藏领袖给博尔吉特王（即清帝）的公函和礼品。使团于五年后，即1642年十月到达盛京，受到清太宗皇太极的隆重欢迎。皇太极亲自率领王公大臣出城门迎接，使团觐见时他还起身相迎，并且请来使坐在御座旁。使团向皇太极递交了罗桑却坚、五世达赖、固始汗等人分别写的表示良好祝愿，并渴望得到支持的信件，并进献驼马、菩提数珠、黑狐皮、绒单、绒褐、花毯、茶叶、狐腋裘、狼皮等物。皇太极则赐给他们三缎布、腰刀、顺刀、豹皮、水獭皮、胡椒等物。

西藏使团在盛京逗留八个月后，圆满地完成了使命。返藏前，皇太极举行了隆重的欢送仪式，分别热情地写信给罗桑却坚和五世达赖，称赞二位佛主是“大持金刚”，回赠了金碗、银盆、银茶桶、玛瑙杯、水晶杯、玉杯、玉壶、镀金甲、玲珑撒袋、雕鞍、金镶玉带、镀金银带、玲珑刀、锦缎等珍贵礼品。使团最后于1644年回到西藏时，西藏大局已定，五世达赖和固始汗成了西藏地方的实际统治者。

清军入关正式建立大清王朝以后，清朝中央政权与西藏地方政权的从属关系日益明确。1645年（顺治二年，藏历木鸡年）春，五世达赖再次派人带信和礼物去北京。第二年，顺治帝派大臣前来西藏，给五世达赖和罗桑却坚送了许多贵重礼物，并在拉萨三大寺和札什伦布寺熬“芒嘉”茶、放布施，给僧侣每人白银一两。大臣返京时，达赖、班禅都给清帝写信表示感恩。

在西藏形势日趋安定时，1648年（顺治五年，藏历土鼠年），顺治皇帝派遣喇嘛席喇布格隆前来西藏，敦请五世达赖喇嘛赴京会晤。达赖喇嘛征求罗桑却坚的意见，在得到罗桑却坚的支持后，五世达赖喇嘛接受了这一邀请，但把赴京日期推迟到 1652 年，原因是当时西藏动乱迭起，形势还不太稳定，故决定时局稳定后再前往京城。在给清世祖去信说明了情况后，清世祖也回信表示同意，并准备在北京修建黄寺，以供五世达赖喇嘛来京时居住。

1652 年(顺治九年，藏历水龙年)，五世达赖喇嘛应清世祖邀请启程前往北京。达赖觉得有许多事情需要向班禅请教，便邀请罗桑却坚到前藏羊八井商讨去京问题。考虑到此事关系到以后西藏的政治前途，已经 82 岁高龄的罗桑却坚不顾年迈体弱，于三月初十坚持离开札什伦布寺，前往羊八井地方会晤达赖喇嘛并送行。两人在当地住了七天，就达赖喇嘛赴京及西藏事宜交换了意见。

同年十一月，顺治皇帝特派噶喇嘛等人前往札什伦布寺看望罗桑却坚，带来亲笔信一封，并赠灰鼠皮衣一件。罗桑却坚给清世祖写了回信，表示感谢。

1654 年五月，达赖喇嘛返回西藏，罗桑却坚因年事已高未能亲自前往迎接。是年七月达赖喇嘛前来札什伦布寺探望罗桑却坚，并在札什伦布寺为全体僧众熬茶、布施，并迎请班禅罗桑却坚坐到"池巴"法座之上，为其尊师班禅罗桑却坚敬献了"曼札"，表示了藏传佛教最崇高的敬意。达赖喇嘛在札什伦布寺逗留期间，罗桑却坚向达赖喇嘛亲传了恩萨寺最为殊胜的耳传教戒等佛法，为此达赖喇嘛非常感激。

在达赖喇嘛返回拉萨不久，固始汗在札什伦布寺朝佛礼供、熬茶布施。1655 年冬季固始汗身感不适，辞别班禅罗桑却坚，前往拉萨治病，因医治无效在拉萨去世，享年 72 岁。顺治皇帝专门派人前往拉萨致祭，并高度评价了固始汗的一生"归顺我国，克尽忠诚，常来贡献，深为可嘉"。指示理藩院对于他的死"宜予祭奠，以酬其忠。应行事例,尔院会同礼部察议具奏"。班禅大师和达赖喇嘛也分别为固始汗的祭奠念诵了祈祷文,表示了对其亡灵的良好祈愿。

1657 年(顺治十四年,藏历火鸡年),91 岁高寿的班禅大师出面调解了康区、塔布和工布地区爆发的反对蒙古和硕特部统治的斗争, 使双方拘禁的二百余僧俗人众获得了释放,争端也得到了平息,是年还派群孜·索朗平措和嘎钦措索巴·群觉勒巴等人携带自己的亲笔信调解了藏军与不丹军队之间的矛盾, 促成双方签订了停战五年的停战协议,互换战俘二百余人,并保证了他们的安全遣返。

1658 年(顺治十五年,藏历土狗年),清世祖再次派人带着书信和礼品前来札什伦布寺看望罗桑却坚。罗桑却坚给顺治帝写了回信, 附赠土仪,由来人带回北京。

此时罗桑却坚身体甚感不适, 康区、蒙古地区、阿里地区、拉萨各地纷纷派人来到札什伦布寺,他们连续几日进香、熬茶、布施,集体诵经祈祷班禅罗桑却坚尽快痊愈,达赖喇嘛也特派僧官前往探询。

1662 年 (清圣祖康熙元年,藏历第十一饶迥水虎年)二月十三日,班禅大师在札什伦布寺以跏趺姿态圆寂,享年 93 岁。他在病危之时,曾经念过一段舍利子的祈祷词:"不欲转世极豪至贫之一家, 旨在转世中等之家,愿出家者日益常增。"听完祷词,班禅身边的近侍和高僧明白了:罗桑却坚不但会转世,而且还预示了今后将转世在一个中等家庭里。

四世班禅大师圆寂的消息传至京城,康熙帝甚是惋惜,派专人前往后藏致祭,向僧众熬茶,发放布施。五世达赖喇嘛也派遣布达拉宫大堪布前往札什伦布寺祈祷诵经、熬茶布施。

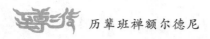

　　四世班禅圆寂后札什伦布寺决定保存其法体,建造一座金塔供人瞻仰,将肉体奉安于其中。灵塔在四个月的赶工之下,于1663年十月竣工。灵塔高11米,塔身以银皮包裹,遍身珠宝镶嵌,雕饰华丽,造型生动。共花费黄金2 700余两,白银3.3万多两,铜7.8万多斤,绸缎9 000余尺,玛瑙、珍珠、珊瑚、松耳石等共7 000余颗,色彩缤纷、荣耀华贵。札什伦布寺举行了盛大的开光典礼,然后将经过防腐处理的法体迎入塔内,至此这一灵塔就成为历代班禅的第一座灵塔。

　　四世班禅额尔德尼罗桑却坚坚赞自幼勤学佛家经典,苦修大小五明,青年时就因学识出众被推举为恩萨寺池巴,中年时因其博学被迎请至札什伦布寺、哲蚌寺、色拉寺等担任池巴重任。理寺治院的十年间改善了他所管辖寺院的条件,完善了札什伦布寺的学经制度,为札什伦布寺创办了"牟椤钦莫"祈愿大法会,还曾为四世达赖喇嘛、五世达赖喇嘛授戒,开班禅额尔德尼与达赖喇嘛师徒关系的先河。综观四世班禅罗桑却坚的住世期间,正逢西藏多事之秋,四世达赖的突然暴亡使得罗桑却坚不得不很早地举起了护宗卫教这面大旗,成为当时西藏格鲁派的实际领导者,也是众望所归之大德。而他对政治的睿智远见及对显密佛学的卓识博通,不仅巩固了格鲁派的地位,甚至奠定了西藏社会、文化的未来发展,形成了格鲁派对西藏佛教绝对的影响力以及传教的权威性。四世班禅罗桑却坚为格鲁派的发展存亡付出的努力,成为藏传佛教史上重要的转折点。在西藏动荡不安的时期,他当仁不让的成为实际的精神领袖,达赖喇嘛的许多重大决策,也都来源于班禅罗桑却坚的主张。其著作广及显密二教,现存有传记类、上师瑜伽类、显密教授类、密法类、最密法类、密法附传类及杂法类等七种,共分为四函。

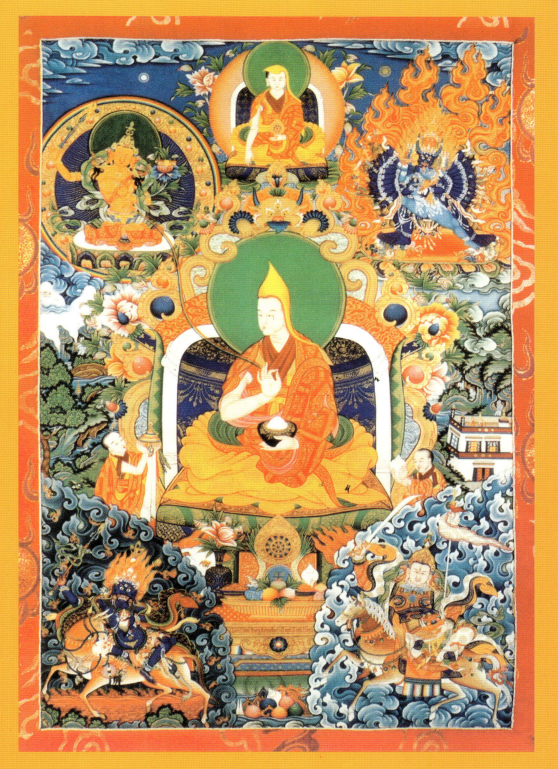

第五世班禅额尔德尼罗桑益西（公元 1663～1737 年）

五世班禅罗桑益西（公元1663～1737年），后藏托布加出仓村人。1670年，赴拉萨拜五世达赖喇嘛为师。1713年，清圣祖册封罗桑益西为"班禅额尔德尼"，并赐金印金册。74岁时圆寂于札什伦布寺。

五世班禅额尔德尼罗桑益西

一、五世班禅的认定、坐床和受比丘戒

　　五世班禅幼名索南丹巴坚赞，生于 1663 年（清康熙二年，藏历第十一饶迥水兔年）七月十五日，后藏托布加谿卡出仓村人。他的父亲是当地的小贵族，名叫夏仲索南旺札，母亲名叫才丹布赤。

　　四世班禅罗桑却坚圆寂后，札什伦布寺选派了高僧四十人，诵经十四日，祈祷四世班禅早日转世。同时，请求神灵降谕时，拉穆大护法神说："实有尊之转世，然不可早泄，当以善德为怀，精修佛法，及至龙年鸣雷之时，可望其果矣。"此后，五世达赖喇嘛也亲自降神占卜，明确指出了灵童的转世地点。因此，索南丹巴坚赞出生后，札什伦布寺便于八月初一派来四世班禅的苏本堪布前来看视，并送来哈达一条、具八瑞相的银曼札一个、优质茶一包作为贺礼。

　　为了能够更好地观察此幼童的佛根法相，1664 年（康熙三年，藏历木龙年）六月初八，札什伦布寺将索南丹巴坚赞迎至南多颇章寺内，苏本罗桑丹增赠送了四世班禅额尔德尼曾供奉的释迦牟尼佛和无量寿佛画像各一帧。随后他又被迎请到札什伦布寺的班禅经室小住了四个月。因为此时他还没有被正式确认为四世班禅的转世灵童，只好重返南多颇章寺。

　　为了消除众人的猜疑和得到明确的认定，不久札什

伦布寺方面派了两位僧人住进了这座小寺，他们的一只行囊中装满了前世班禅用过的灵药、占卜骰子、拔胡子的小镊子、铃杵等，而另一个行囊则全是些复制品。接着又有两批僧人秘密地来到这里，他们带来的物品也是真假各一：一面小皮鼓、一面大皮鼓、骨制和晶石念珠各一串、四世班禅的画像一帧、四世班禅长期供奉的宗喀巴画像一帧。数日后，所有这些四世班禅罗桑却坚曾用过的法器法物和日常用品全部混放在赝品当中摆在了这位两岁的孩童面前，需要由他来挑选上世曾用过的物件，并且不能有任何差错。这个孩子极具灵异，他的两只小手不停地在物品中翻找，没过多久，他就从容地从混在一起的物品中一一选出了四世班禅生前用过之物。来自札什伦布寺的高僧们坚信，这个小孩就是四世班禅罗桑却坚的转世灵童。经过这一事件众人对此幼童的猜疑完全消除，札什伦布寺方面也向达赖喇嘛报告了详细的情况，达赖喇嘛也及时地认定并指示可以迎请该灵童到札什伦布寺坐床。

就这样，1667 年（康熙六年，藏历火羊年）十月初七，札什伦布寺强佐彭措热丹率领僧官二百多人前往南多颇章拜见了刚满 5 岁的"灵童"。十一日清晨，众人来到南多颇章给"灵童"剃发，换上法衣，然后由苏本罗桑丹增背负到出仓村灵童的家中。五世达赖、第巴和固始汗的儿子达延汗所派代表都来到托布加豁卡向灵童献哈达致贺。十七日，灵童被众人如众星捧月般迎至札什伦布寺。沿途所经地区和寺院的僧俗纷纷举旗结彩，载歌载舞，隆重迎接。札什伦布寺所属寺院在寺内设灶、备茶，僧众手持伞幡、花束、熏香，奏乐击鼓，夹道排开，迎接佛主乘缘而来。札寺各经院、僧房及寝宫等处旗帜飘扬，击鼓鸣螺，香烟飘逸，热闹异常。"灵童"进寺以后，住在坚赞通保宫内。五世达赖来信告知择定的坐床吉日，并给班禅"灵童"取法名为罗桑益西贝桑布，简称罗桑益西。

　　1668 年（康熙七年，藏历土猴年）正月初三，在札什伦布寺的僧群益格穹曾殿内举行了五世班禅的坐床典礼。6 岁的罗桑益西登上了四世班禅坐过的法座。五世达赖喇嘛为此次大典特意赐予了丰厚的礼品，藏王达延汗也同时奉上了大量的供礼。为了祝贺大典的顺利进行，班禅寝宫向全寺以及从各地寺院赶来参加大典的一万多名僧众发放布施、赠送吉祥哈达，达赖喇嘛也为此盛典向各大寺院发放布施。各地寺院的喇嘛、堪布、施主等为祝贺坐床庆典，纷纷举行聚会诵经、布施。之后，札什伦布寺聘请托布加噶丹热卜杰寺的格西罗桑丹增为五世班禅的经师，给罗桑益西教授藏文和佛经。罗桑益西开始全面接触佛学的精深教义，同时也在经师的指导下学习高僧大德们的佛经著述。在静修与学经的空闲接见了来自喀尔喀、朵尔康、厄鲁特、阿里等处前来祝贺、朝拜的信徒。

　　由于罗桑益西在静修过程中经常幻显出圣贤佛主达赖喇嘛的传法像，因此萌生了去拉萨亲自拜见达赖喇嘛，领受传承聆听经教的意愿。而且当时罗桑益西已经 8 岁，按照格鲁派的规定，应当由健在的五世达赖授沙弥戒，建立师徒关系。

　　1670 年（康熙九年，藏历铁狗年）六月初一，罗桑益西从札什伦布寺启程去拉萨，途经恩萨寺、格丹曲廓寺、噶丹热杰卜寺、札噶日、羊八井、曲桑、卓莫隆等地时，有无数蒙藏农牧百姓及僧众的马队依仗热烈迎送。十四日，罗桑益西抵达拉萨。达赖喇嘛派夏仲等人及三大寺全体僧官骑马远迎，西藏地方政府的僧俗官员也均到拉萨郊外欢迎。在拉萨众多僧俗的迎接下，五世班禅罗桑益西被迎请到布达拉宫云益康殿驻锡。

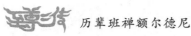

　　次日，五世班禅在布达拉宫大经堂内拜见五世达赖，进献了银曼扎、佛像、绸缎、骏马、金银、珍珠等礼品，然后向达赖喇嘛磕头，正式拜为师父。年幼的五世班禅罗桑益西表现出了他承接前世慧知的稳重和灵异，令布达拉宫的僧官们叹服，达赖喇嘛也当众称赞年幼的罗桑益西仪态安静稳然。

　　七月三日，康熙皇帝特派钦差到达拉萨，给五世达赖和五世班禅各有"敕书"，并赏赐了大量内地的礼品，祝贺五世班禅罗桑益西受沙弥戒。十五日，达赖喇嘛正式在布达拉宫康松南杰殿给五世班禅传授沙弥戒，并让他开始修习大量的佛学经典。在学经期间，五世班禅罗桑益西接见了各地前来朝拜的群众，再一次给拉萨三大寺发放布施，并前往大、小昭寺及布达拉宫朝佛礼拜。

　　八月十三日，罗桑益西向达赖喇嘛辞别，准备返回札什伦布寺，五世达赖喇嘛再三叮嘱他要努力习经修佛，特别是至尊宗喀巴大师的经典著作。十五日，五世班禅离开拉萨。九月十五日，札什伦布寺的马队前来迎接佛主罗桑益西，在僧众的依仗迎接下罗桑益西入住坚赞团布宫。

　　在格鲁派的教义中传承活佛必须要在年满12岁之后参加本寺的辩经大法会。1674年（康熙十三年，藏历木虎年）年满12岁的五世班禅罗桑益西被要求参加法会辩经，开始了他更深层次上的学佛历程。

　　在罗桑益西学佛的同时，西藏的形势发生了很大的变化。1679年（康熙十八年，藏历土羊年），藏王达赖汗任命桑结嘉措充任第巴，帮助达赖喇嘛管理行政事务。1681年（康熙二十年，藏历铁鸡年），拉达克王组织军队侵入西藏阿里地区，藏王达赖汗与桑结嘉措共同组织了一支藏蒙联军，由达赖汗的弟弟甘丹才旺率领抗击拉达克的侵略军。蒙藏联军信心百倍地冲向拉达克军营,大败气焰嚣张的拉达克军。联军随后乘胜进军,最终夺占了拉达克国都列城,拉达克王投降,并收复了拉达克军队之前在西藏侵占的阿里地区的古格、日土等土地,拉达克方面发誓保证今后不再危害而要敬奉格鲁派,并承认拉达克为大清帝国的藩属,每年派人到拉萨进贡礼佛。

1682年(康熙二十一年,藏历水狗年)二月二十五日,五世达赖喇嘛阿旺罗桑嘉措圆寂。第巴桑结嘉措考虑到当时西藏纷繁复杂的政治形势,决定封锁佛主圆寂的消息,对外宣称五世达赖在布达拉宫严格闭关修行,不接见任何外人,所有事务由第巴桑结嘉措代为禀报和传达。这样,第巴桑结嘉措便以五世达赖喇嘛的名义处理政教事务。

1683年,五世班禅罗桑益西年满21岁,到了受比丘戒的年龄。由于历史上班禅与达赖以年长者为师、年长者授戒的程序已成定律,于是札什伦布寺特派强佐前往拉萨,打算与第巴桑结嘉措商讨请达赖喇嘛为五世班禅授比丘戒的事宜。但是第巴桑结嘉措还是隐瞒了五世达赖逝世的实情,只是告诉札寺方面达赖喇嘛已经入定,无法为五世班禅授戒传法,要他们另请高僧授比丘戒。

无奈之下,札什伦布寺强佐回寺与寺内高僧大德商议,最后一致决定让本寺德高望重的阿巴扎仓堪布贡觉坚赞为班禅喇嘛的授戒师,并选定授戒日。1684年(康熙二十三年,藏历木鼠年)十二月初八,在札什伦布寺益穹曾殿内举行了庄严的五世班禅罗桑益西的受戒大典。第二年五月,清圣祖康熙皇帝特派的钦差到达后藏,给五世班禅带来了祝贺他受比丘戒的"敕书"和贺礼。五世班禅写了亲笔回信以示感谢。同年达赖汗和第巴桑结嘉措也纷纷派代表来札什伦布寺献厚礼表示祝贺。五世班禅也派代表前往拉萨给三大寺的僧众熬茶、放布施，要求全体僧众念经祈祷，祝愿五世达赖福寿长驻。之后，五世班禅和康熙皇帝、达赖汗、第巴桑结嘉措经常派人互相问候及赠送礼品。康熙皇帝除多次派钦差给班禅喇嘛送上敕书和礼品，还派人转达口谕，希望五世班禅要为佛教尤其是格鲁派的传承和发展，为众生现时和永久的安乐而长寿永驻。五世班禅罗桑益西受比丘戒后，开始从涅仓巴罗桑诺布处学习诗学精要，从索郎扎巴大师处学习《入道要点蔓》和《喻法蔓》和《喻法论·聚宝》，并在修法期间接见了来自蒙古、锡金、不丹的众多王公贵族，并为西藏各地的高僧官员们授戒、传法。

1690年（康熙二十九年，藏历铁马年）三月，五世班禅派遣噶钦顿珠前往不丹参加签订西藏与不丹的一个协议的重要谈判。两年后，当西藏与不丹之间纠纷再起，班禅大师派噶钦顿珠和司库办理事务，调解纠纷，并要求不丹王为众生福祉着想，勿再开战生事。在处理与不丹的关系方面，五世班禅起到了积极的作用。

二、为维护西藏的稳定而奔波

五世达赖罗桑嘉措逝世后，第巴桑结嘉措秘不发丧，一切政教事务均由第巴桑结嘉措处理。

在第巴桑结嘉措总揽西藏政务的时期，除唆使噶尔丹内侵，给国家的安宁和统一带来不利的因素，造成严重后果的同时，第巴桑结嘉措也在五世班禅入京觐见皇帝的事情上大做文章，阻挠五世班禅的入京计划。

1693年（清康熙三十二年）八月，康熙皇帝派钦差到札什伦布寺带给五世班禅两封信，一封是通知班禅清政府已经册封第巴桑结嘉措为"弘宣佛法王"，另一封问候五世班禅。康熙皇帝为了对蒙古的王公贵族和僧俗群众施加影响，加以安抚，并使其诚心归顺清朝政府的统治，便想借用班禅进京会晤来达到这个目的。因此康熙皇帝让钦差发出口头通知，邀请五世班禅罗桑益西前往北京与皇上见面。班禅回答说，因为他目前还没有出过天花，每天都闭关静坐，不宜远行，等出过天花后一定立即上京觐见皇帝。

1695 年（清康熙三十四年，藏历木猪年）八月，康熙皇帝派乃久托云活佛、恰那多吉、司法喇嘛却觉饶江巴、司法喇嘛库勒切圭格隆等四位上师和几位大臣前来札什伦布寺探望五世班禅，并再一次敦请五世班禅前往北京与圣祖康熙会晤。九月初五日，举行了向五世班禅颁发敕书、赐品和宣示圣旨仪式，献上赐物：金块二条各二百两，镶七十两黄金的银茶筒，三十六两黄金制作的高足托盘，银二千两，马鞍两副，上等绸缎百匹等。钦差大臣当面宣读圣旨："联皇考世祖皇帝因延请五世达赖喇嘛，于释迦牟尼佛教和芸芸众生皆得裨益，汉藏友好、关系融洽。今欲再度迎请达赖喇嘛，但渠年事已高，不便迎请，故，班禅博克多应从佛教和众生事宜着想，前往内地晋京"。意思是先帝曾请达赖喇嘛来京，增进了汉藏友好。现理应请达赖喇嘛来京，但因他年事已高，不便进京，因此敬请五世班禅罗桑益西前往北京与我会晤。

五世班禅本想仿照五世达赖的前例，到北京与皇帝会面，以提高他在西藏的社会地位，扩大札什伦布寺的影响，但当时西藏地方政教事务的大权掌握在第巴桑结嘉措的手里，他必须取得第巴桑结嘉措的同意。于是五世班禅立即秘密派人带信给第巴桑结嘉措，请示他应如何答复。第巴桑结嘉措派亲信卓尼直隆带来回信，信件内容大致是：皇帝为内地佛教的发展和众生福祉着想，尤其是为格鲁派的发扬广大考虑，作为西藏现在最高的格鲁派活佛，理应前往。但因您未出过痘，途经地方又都瘟疫横行，所以我们建议要慎重考虑此次出访。五世班禅就按照第巴桑结嘉措的意思，准备婉拒这次邀请。九月，在后藏的钦差启程回京，班禅喇嘛设宴欢送，并一再向钦差们交待自己不去北京的原因，请钦差带给皇上口信：很高兴皇上赐旨，然正值学习，痘疮未出，常要提防，作闭关坐静。希望钦差们能够替他在皇帝面前解释此次会晤未能成行的原因。

十月，噶厦政府送来第巴桑结嘉措的信件，信中同意班禅喇嘛在五六年后前往北京，并解释了噶厦政府目前不支持班禅喇嘛前往北京的原因，完全是考虑到班禅的身体状况和西藏形势的紧迫，望请班禅喇嘛体谅。五世班禅也随即函告第巴桑结嘉措有关自己前往北京之事的一些想法，表示可以理解噶厦政府的良苦用心。

1696年（康熙三十五年，藏历火鼠年）八月，清圣祖亲征准噶尔，打败噶尔丹后，派人来西藏分别颁给达赖、班禅、达赖汗和第巴桑结嘉措敕书，在给五世班禅的敕书中，指出了第巴桑结嘉措帮助噶尔丹和阻挠班禅进京的种种行为。可见当时康熙皇帝已经清楚班禅不能来京，完全是被第巴桑结嘉措阻挠。同年十一月，康熙皇帝再次派钦差来西藏敦请五世班禅入京。次年正月，钦差要回京复命，五世班禅给清圣祖写了一封亲笔信，信中还是解释自己确实是因未出过痘不宜去北京，并非他人胁迫、阻挠，并请康熙皇帝能够宽恕、体谅。

1698年（清康熙三十七年，藏历土虎年）十月，康熙皇帝再一次派特使持敕书来札什伦布寺,传达谕旨:前年皇上派人来藏请大师前去北京,受噶厦政府阻挠。这次来请,若噶厦政府允许前往,则大皇帝所属汉区十三行省、蒙古四十余部的民众将对大师表示恭敬,这对汉藏友好、佛教昌盛均大有裨益。否则,皇上将降罪于西藏,请大师为汉藏政教着想,无论如何也要前往北京。在接到谕旨后,五世班禅派卓尼噶纠顿珠前往拉萨请示皇帝邀请赴京之事。第巴桑结嘉措指示班禅写信答应把赴京日期推迟到铁龙年(即1700年,康熙三十九年),同时又叫班禅派罗桑扎西赴京面见皇帝,说明班禅尚未出痘,可否免于赴京,如果不批准,可否请皇帝御驾亲临青海塔尔寺,五世班禅将到那里和皇上会见。

在第巴桑结嘉措的多次阻挠下,五世班禅最终未能晋京与康熙皇帝会晤。康熙帝延请五世班禅晋京时间之长、次数之多世所罕见。从康熙三十二年到三十七年,八次遣使去札什伦布寺邀请五世班禅。五世班禅奉旨赴京之事一直得不到确切的落实,这与当时西藏纷繁复杂的政治局面和上层权力斗争不无关系。

第巴桑结嘉措阻挠班禅晋京的阴谋得逞后,致力于把和硕特部势力驱逐出西藏。

当时达赖汗已死,拉藏汗继承汗位不久,地位还不是很稳固,第巴桑结嘉措为了把和硕特部的势力赶出西藏而煞费苦心,暗中与准噶尔汗策妄阿喇布坦勾结,准备从新疆和西藏分别出兵,以求达到武力驱逐拉藏汗的目的。

策妄阿喇布坦是已故准噶尔汗僧格的儿子,噶尔丹自立为准噶尔汗之后,策妄阿喇布坦纠合了拥护他的势力与噶尔丹对立。1697年(康熙三十六年,藏历火牛年),被清军大败的噶尔丹逃回新疆后又被策妄阿喇布坦围攻,走投无路的他最终服毒自杀。策妄阿喇布坦于

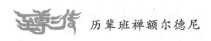

第二年自立为准噶尔汗,并派人到北京称臣进贡,得到了清政府的承认。

在第巴桑结嘉措派人秘密前往准噶尔请求策妄阿喇布坦发兵袭击青海和硕特部,以扰乱拉藏汗的后方的阴谋被拉藏汗知晓后,拉藏汗也派人前往准噶尔,不仅给策妄阿喇布坦赠送了许多贵重礼品,还请求策妄阿喇布坦把女儿嫁给自己的儿子。策妄阿喇布坦爽快地答应了这门亲事,并要求拉藏汗之子按照蒙古风俗去准噶尔迎娶新娘。大喜过望的拉藏汗以为已经和自己结为秦晋之好的策妄阿喇布坦不会帮助第巴桑结嘉措,少了后方的压力,他可以收拾第巴桑结嘉措了。

1704 年(清康熙四十三年,藏历木猴年),第巴桑结嘉措以重金收买了拉藏汗府里的内侍,让他在拉藏汗的食物里下毒,但这一阴谋被拉藏汗发觉。经过追查,得知第巴桑结嘉措是主谋,于是拉藏汗与第巴桑结嘉措的关系变得非常紧张。当时整个西藏地区人心惶惶,三大寺的执事邀请五世班禅来拉萨调停。五世班禅派卓尼噶钦多吉前往拉萨,与三大寺的代表一起为调停拉藏汗和第巴桑结嘉措的矛盾而奔走。经过多方的努力,拉藏汗答应离开西藏返回青海。第二年七月,拉藏汗果然离开拉萨,转移到西藏北部的那曲地区。第巴桑结嘉措以为驱逐和硕特部在西藏势力的目的已经基本达到,因此放松了警惕。

以退为进的拉藏汗在到达那曲以后就不再前进,暗中派人到青海调来了万余精锐的蒙古劲骑集结在那曲,准备南下彻底消灭第巴桑结嘉措的势力。五世班禅得知这一消息后,立即派人到那曲劝说拉藏汗不要率军南下,但是遭到了拉藏汗的拒绝。而第巴桑结嘉措也下了紧急命令,征调各地的藏族民兵集中拉萨,准备抵抗。双方剑拔弩张,一场血战发生在即。

　　拉藏汗的军队长驱直入，不久就到达拉萨北部的旁多宗。五世班禅见派人劝说无效，决定从札什伦布寺启程，亲自去劝阻拉藏汗。但是，还不等五世班禅到达拉萨，速战速决的拉藏汗已经擒获了第巴桑结嘉措并很快处死。五世班禅罗桑益西对避免这场混战所做的种种努力虽然未能奏效，但从一定程度上延缓了战争的发生。

三、做两位六世达赖的老师

　　在五世班禅生活的年代，先后出现了两位六世达赖，这和当时西藏局势的不稳定完全分不开。

　　1682 年（康熙二十一年，藏历水狗年）五世达赖罗桑嘉措圆寂后，掌握实权的第巴桑结嘉措秘不发丧，并假借五世达赖的名义处理一切事务。直到 1696 年，康熙皇帝在对准噶尔的战争中，从俘虏口中才确知五世达赖罗桑嘉措逝世多年的消息。震怒的康熙皇帝责问第巴桑结嘉措后，五世达赖圆寂的消息才正式公开。

　　在派人向康熙皇帝说明实情之后，1697 年（康熙三十六年，藏历火牛年），第巴桑结嘉措给五世班禅去信，说五世达赖喇嘛业已圆寂多年，我因遵奉达赖喇嘛遗嘱，秘而未宣。今年我派尼麻唐夏仲晋京，向皇上报告了达赖喇嘛圆寂以来的情况。不久六世达赖灵童将经过浪卡子，迎接到布达拉宫坐床。到这个时候，五世班禅才得知五世达赖早已逝世。

　　同年八月十六日，第巴桑结嘉措再次来信告知五世班禅，五世达赖喇嘛的转世灵童仓央嘉措早已于 1683 年（康熙二十二年，藏历水猪年）在西藏南部门隅地方转生，现在准备于九月十四日秘密接到浪卡子宗，十七

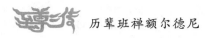

日在那里受沙弥戒，请班禅按时到达，给六世达赖剃发取法名，传授沙弥戒。

九月初八日，五世班禅罗桑益西从札什伦布寺启程，取道仁布宗，于初十日到达浪卡子宗。五世班禅沿途受到各地官员及僧众的热烈迎送，到达浪卡子宗时噶厦政府举行了隆重的欢迎仪式，并在浪卡子宗的东边专门为五世班禅搭了欢迎帐篷。十七日，五世达赖的转世灵童也到了浪卡子宗，五世班禅额尔德尼与达赖灵童在丹增颇章寝宫首次会面，五世班禅额尔德尼给他赠送了金银、绸缎等贵重礼品作为见面礼，并为六世达赖喇嘛剃发传授沙弥戒，取法名为"罗桑仁钦仓央嘉措"，简称"仓央嘉措"。五世班禅从此与六世达赖喇嘛仓央嘉措建立了师徒关系，六世达赖喇嘛为了感谢班禅喇嘛传授沙弥戒，赠送班禅额尔德尼许多贵重礼品。在接下来举行的达赖受戒庆祝典礼上，五世班禅先向六世达赖赠送了一条精致的哈达、释迦牟尼佛像一尊以及经典书籍、白玉茶碗、法衣、金曼札等贵重礼品，达赖也回赠了许多珍贵的礼品。随后五世班禅额尔德尼被六世达赖喇嘛请上法座磕头礼拜，为传授沙弥戒表示感谢。五世班禅额尔德尼走下法座，磕头还礼。

九月二十一日，六世达赖仓央嘉措启程前往拉萨，沿途受到各地僧俗官员的欢迎。达赖喇嘛到达聂唐扎西岗时，班禅大师也随即赶到，达赖汗、第巴桑结嘉措率僧俗官员等前来欢迎，举行了一场规模盛大的庆祝会。五世班禅罗桑益西和六世达赖仓央嘉措在聂唐扎西岗共同居住了二十多天，共同研究了何日进驻拉萨、何日坐床、坐床的仪式等等事宜。在此期间，班禅额尔德尼给达赖喇嘛讲授了宗喀巴大师的著作、二世达赖喇嘛根敦嘉措传等佛学经典。

十月二十五日，六世达赖仓央嘉措在布达拉宫举行坐床典礼。五世班禅本想亲自前往参加，但噶厦政府认为坐床之事派强佐参加即可，不必劳烦大师亲自参加。为祝贺六世达赖喇嘛坐床，班禅大师派札什伦布寺强佐送去了许多贵重礼品。

是月三十日，五世班禅额尔德尼正式前往布达拉宫新日光殿同六世达赖喇嘛会晤，并开始为六世达赖喇嘛仓央嘉措传授佛学精要，让六世达赖喇嘛习读宗喀巴大师的著作。

同年十一月五日，五世班禅前往大、小昭寺朝佛发愿，第巴桑结嘉措为远道而来的班禅大师设宴款待，并邀请大师参加十五日在布达拉宫举行的五世达赖喇嘛灵塔的开光典礼。在参加完开光仪式后，五世班禅为六世达赖传授了宝瓶、秘密、智慧、句义灌顶四灌顶，并讲述了二世达赖喇嘛根敦嘉措的全集。十二月，五世班禅前往甘丹寺朝佛，接受僧众的供养。这是五世班禅喇嘛第一次到甘丹寺，受到甘丹寺僧众的热烈欢迎。第二年二月初七日五世班禅喇嘛回到自己的住锡地札什伦布寺。

据说六世达赖仓央嘉措坐床以后，对宗教修行和众生安宁一点都不用心，甚至有违反戒律的行为。五世班禅听到这些传闻后，于 1702 年（康熙四十一年，藏历水马年）的正月，专门写信给六世达赖和第巴桑结嘉措，恳切地要求达赖喇嘛为众生之苦乐而勤习佛法，参加僧众的讲经辩论，要承接五世达赖喇嘛的慧知与果位，为佛教之弘扬创造伟业。第巴桑结嘉措回信说：自己也曾规劝过六世达赖要用功学习佛经，但他不听，希望班禅能以师父的身份多多劝导达赖喇嘛。并敦请五世班禅前往拉萨为即将年满 20 岁的六世达赖喇嘛传授比丘戒。不久五世班禅又收到六世达赖喇嘛的密信，信中达赖喇嘛由衷地表达了对上师的敬意，说明自己生性

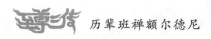

不喜欢参加辩论经典。同时表示愿意与班禅大师会晤，但是不愿意受比丘戒。班禅大师看信后很不高兴，也不打算去拉萨与仓央嘉措会面。

后来，仓央嘉措再次写信给五世班禅，说如果班禅大师不能来拉萨，他想来札什伦布寺拜谒四世班禅额尔德尼的灵塔。在收到这封信后，五世班禅立即派格隆达巴带信前去，劝阻仓央嘉措不要来札什伦布寺，自己会即刻动身去拉萨。

1702年（康熙四十一年，藏历水马年）六月初六，五世班禅从札什伦布寺启程，打算经北路前往拉萨，但到达噶丹饶杰时，遇到布达拉宫的使者说六世达赖喇嘛已取道南路前往后藏札什伦布寺。于是五世班禅立即改变行程，直接前往达卜隆与达赖喇嘛会合。见面后，仓央嘉措表示已经决定要去札什伦布寺，班禅大师不便阻拦，便从仁布宗先回札寺，准备隆重欢迎达赖的到访。

六月二十日，札什伦布寺所有僧众官员前往城外为六世达赖喇嘛举行了规模盛大的欢迎仪式。当地的民众也纷纷载歌载舞，列队迎接。整个日喀则鼓号齐鸣、梵香缭绕、宝伞高举，其隆重程度一如以前欢迎五世达赖的造访。六世达赖喇嘛被迎请到札什伦布寺内班禅平时居住的坚赞团布寝宫。六世达赖喇嘛在日喀则期间，五世班禅一直邀请他为僧俗讲经说法，并希望他接受僧众献上的长寿曼札，但五世班禅的苦心劝说都被六世达赖一一推辞，甚至是五世班禅提出的要为他授比丘戒的事宜也被拒绝。过了几天，仓央嘉措跪在日光殿上，明确地宣布：你给我的袈裟我还给你，你加在我身上的教戒，我也还给你，格鲁派的教主我不当了，给我自由吧，让我过普通人的生活吧！并向五世班禅磕了三个头，请求班禅大师原谅他。五世班禅也无法约束、规劝他，当即将这一情况报告了第巴桑结嘉措。六世达赖喇嘛在日喀则又住了十三天后启程返回拉萨。这是五世班禅罗桑益西与六世达赖仓央嘉措的最后一次会面。

1705 年（康熙四十四年，藏历木鸡年），第巴桑结嘉措被拉藏汗处死后，拉藏汗立即派使者向康熙皇帝报告了西藏的情况，并借口桑结嘉措所立之六世达赖仓央嘉措行止佚荡，否定他是五世达赖的转世灵童，请求予以废黜。清廷认可了拉藏汗的所为，并封其为"翊法恭顺汗"。

"废黜"六世达赖一事，在西藏宗教界引起了很大的震动。拉藏汗也担心引出乱子，知道必须要另找一个达赖代替。于是他派人前往札什伦布寺询问五世班禅，五世达赖将在什么地方转世。班禅大师说这件事非同一般，不可明言，建议拉藏汗和三大寺降神询问。

同年十二月，拉藏汗亲自来札什伦布寺看望班禅大师，并说为了扶植格鲁派，已经送给三大寺许多谿卡，现在决定将达纳仁钦则全部牧区、列普全部农牧区、涅日地区的庄园百姓等划归札什伦布寺，请求班禅接受。五世班禅表示感谢。过了几天，拉藏汗提出真五世达赖的转世灵童已经找到，希望班禅大师能去拉萨给新灵童剃发授戒。为了稳定西藏局势，五世班禅也接受了这一请求，表示不久即可前往拉萨。

1707 年（康熙四十六年，藏历火猪年）二月十一日，五世班禅接受拉藏汗的邀请，由克松乃和王庆仲伊巴二人迎接前往拉萨。二十五日上午，新灵童在布达拉宫的色西彭措大经堂内与班禅大师见面，向班禅大师磕头，彼此交换哈达，然后举行了坐床大典。拉藏汗向新六世达赖献上金轮、白螺等法物，班禅也送上了各色贵重礼品。布达拉宫的僧众向两位大师献上八吉祥物。

　　三月十八日,班禅大师和新达赖喇嘛一同前往大昭寺,由甘丹寺池巴顿珠嘉措担任司仪,在释迦牟尼佛像前举行了授沙弥戒的仪式。班禅大师担任亲教师和轨范师,给新达赖传授沙弥戒,并取法名为"阿旺益西嘉措贝桑布",简称益西嘉措。

　　之后,班禅大师偕同益西嘉措到哲蚌寺、色拉寺为许多僧侣传授沙弥戒和比丘戒,并为僧众传法。自四月二十七日起,回到布达拉宫的班禅大师在近三个月里向益西嘉措传授了显密二宗的许多经典。七月十三日,班禅大师启程返回札什伦布寺。拉藏汗为了感谢班禅大师的支持,又送给札什伦布寺许多后藏的谿卡。

　　拉藏汗拥立新六世达赖益西嘉措,虽然得到五世班禅的承认,但西藏地区僧俗群众中有很强烈的反对意见,而且青海的蒙古群众也提出反对,并向清政府告状。1710年(康熙四十九年,藏历铁虎年),在拉藏汗的请求下,康熙皇帝权衡利弊后,册封益西嘉措为"六世达赖",并给以印册。这样一来,拉藏汗拥立的六世达赖就得到了中央政府的承认。

　　然而青海和硕特部的蒙古僧俗群众仍不信奉,拉萨三大寺的宗教上层人士也表示怀疑。于是他们于1715年(康熙五十四年,藏历水羊年),又在四川理塘地方寻访到一聪异灵童,此灵童也被西藏僧俗接受。在得到西藏僧俗部众的支持后,青海和硕特部众台吉联名上奏皇上称:"理塘地方新出胡必尔汗(即呼毕勒罕,灵童之意),实系达赖喇嘛转世,恳求册封。其从前班禅呼图克图及拉藏汗题请安置禅榻之胡必尔汗是假"。康熙帝派人去询问班禅大师,钦差回来后说班禅认为理塘的灵童是假的。于是清圣祖乃命官员将理塘找到的"灵童",暂时安置在青海。

四、受封"班禅额尔德尼"称号，
致力于政教活动

在五世达赖圆寂后，第巴桑结嘉措秘不发丧，并假借五世达赖之名操纵西藏的政治，暗中唆使噶尔丹侵占漠北蒙古和漠南蒙古，破坏祖国统一大业。对此康熙皇帝想给班禅和达赖同等的待遇，在西藏再立一个中心，以达到牵制贵族势力的目的。当后来康熙帝察觉五世达赖可能圆寂的事实后，他决心提高班禅地位的政治用意更加明确。

在拉藏汗拥立益西嘉措为六世达赖之后，西藏的局势更加不稳定，拉藏汗在西藏不得人心。康熙帝再次想到西藏黄教界尊奉的五世班禅，决定册封他，抬高他的宗教地位，其目的主要是让他出面主持西藏佛教事务，使宗教界稳定，蒙藏地区得以安宁。

1713 年（康熙五十二年，藏历火蛇年）四月，清朝中央派遣才仁克雅大喇嘛诺布、加日郭吉等人，带着圣旨、金册一份、金印一颗，来到札什伦布寺册封五世班禅罗桑益西为"班禅额尔德尼"，"额尔德尼"是满语词，意为"珍宝"。这一册封确定了班禅在西藏的政教地位。这是清朝为了防止拉藏汗独揽西藏政务所采取的一大措施。同时康熙帝还加封了以前各世班禅，从此这一活佛系统得此封号，并确定班禅额尔德尼的驻锡地为日喀则的札什伦布寺。班禅的影响主要在后藏，以日喀则为中心。

1713 年（康熙五十二年，藏历水蛇年），西藏和不丹边境问题又一次升温，噶厦政府当即决定派兵攻打不丹，五世班禅考虑到众生安乐，去信要求拉藏汗不予进

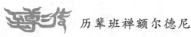

军,坚决要求拉藏汗以协议解决争端,同时给不丹方面去信要求积极讲和。在五世班禅罗桑益西的努力调解下,次年双方达成协议争端得到解决,边境未发生任何战事。

1717年(康熙五十六年,藏历铁鸡年)七月,蒙古准噶尔部集结大批军队在今申扎地区,准备进军拉萨,与拉藏汗交战,双方形成对峙局面,战争一触即发。得知这一消息,患水肿病卧病在床的五世班禅不顾身体安危,立即从札什伦布寺起身前往达木,在到达达木后便在拉藏汗下榻处附近安帐,并开始了他的斡旋工作。在五世班禅的积极调和下促成了双方几次会谈,但双方立场坚定、寸步不让,导致每次会谈都无果而终。

十月十七日,准噶尔部大将策凌敦多布率大军进抵拉萨,在冲麦、郎如、姜塘岗三地安营备战。五世班禅再一次派人前往调解,但遭到了策凌敦多布的拒绝。

二十九日,准噶尔大军攻入拉萨市区,入驻大昭寺,西藏的守卫抵抗不力,纷纷逃亡。第二天,五世班禅亲自带着许多贵重礼品去大昭寺会见了策凌敦多布,请求停战,并希望赦免拉藏汗一死,由班禅负责看管他。但拉藏汗于十一月初一日的深夜带家眷秘密逃离拉萨,刚到拉萨郊外就被准噶尔巡逻兵擒获并当即斩杀,其家眷也被抓捕。

策凌敦多布在全面掌政之后,将拉藏汗所立的达赖益西嘉措囚禁起来,并任命达孜巴·拉杰饶丹为第巴,握有拉藏汗和达赖喇嘛之印,掌管西藏政务。至此,固始汗及其子孙统治西藏地区的时代结束。在准噶尔军队占领西藏期间,五世班禅一直以调解人的身份出现,因此策凌敦多布对他也很尊重,准噶尔军进入拉萨后将三大寺洗劫一空,但对札什伦布寺分毫未动。

准噶尔部入据西藏后,清圣祖立即命令总督额伦特、侍卫色楞等人，统兵数千由青海发兵平叛西藏。但这次平叛清军在不熟悉地理、不适应环境的情况下完全败北，全军覆没。

1719 年（康熙五十八年，藏历土猪年），清圣祖再一次组织了进藏部队，并决定由皇十四子为抚远大将军，统帅进藏的各路大军。在此期间清圣祖还册封了在理塘出生的灵童为第六世达赖喇嘛（到 1780 年改称为七世达赖喇嘛），还特意安排了平逆大将军延信迎请达赖喇嘛，护送至拉萨布达拉宫。

在清军各路采取行动之前，西藏形式也有了较大的改变。阿里地区的噶本康济鼐组织阿里的民兵，迅速占据了阿里全区，并开始进兵后藏，占据了昂仁宗以西的全部地区。

1719 年（康熙五十八年，藏历土猪年）冬，皇十四子派官员代表前往后藏札什伦布寺看望班禅大师，并向班禅大师征求了如何解决西藏问题的意见。在代表返回前五世班禅给皇十四子写了一封信，说为了西藏佛教与众生的安宁，不要再使用暴力，希望能用和谈的方式和平解决西藏问题，请求皇十四子将这封信转奏于皇上。但当时准噶尔军队并没有从西藏撤兵的迹象，康熙皇帝决定要通过武力来解决西藏问题。

1720 年（康熙五十九年，藏历铁鼠年）八月，清军正式由中、南、北三路进军西藏。八月二十三日，清军全部入驻拉萨。策凌敦多布率兵多次抵抗，但都被击败，无奈之下只得率领残部由藏北草原逃回新疆。至此准噶尔部对西藏的三年统治时期结束，同时也结束了蒙古诸部汗王在西藏地方七十余年的统治。

九月初，平逆将军延信护送达赖喇嘛到达拉萨。九月十五日，在布达拉宫举行了坐床大典。十月初六，延信将军的代表希热塔喀、达赖喇嘛的第巴索本、青海丹增王的代表等来札什伦布寺请求五世班禅前往拉萨为达赖喇嘛授戒传法。次日五世班禅从札什伦布寺启程。初八日班禅一行抵达拉萨，五世班禅前往布达拉宫日光殿同达赖喇嘛行了碰头礼，并互换哈达，下榻于布达拉宫德瓦坚殿内。

十月十九日，康熙皇帝特派钦差面见五世班禅，将清圣祖下的御旨交五世班禅，御旨内容大致是：朕对西藏佛教的保护，犹如太阳一样普照大地，切盼班禅平安长住，如同过去普利教众两方。西藏各教派应按旧规旧例，各行其是，俾释迦和宗喀巴之佛法得以日益发扬广大，西藏众生均得平安，不再发生内乱。五世班禅在接旨之后，组织僧众为年迈的清圣祖康熙颂念长寿经，并亲笔写了一封回信，表示感恩不尽，同时派特使携带礼品前往北京陛见康熙皇帝。

十一月初五，班禅大师在布达拉宫日光殿为七世达赖喇嘛传授沙弥戒，取法名为"罗桑格桑嘉措"。

1721年（康熙六十年，藏历铁牛年）正月初一，五世班禅同达赖喇嘛在布达拉宫德瓦坚殿举行了隆重的新年庆典。月底班禅准备起程返回后藏，行前达赖喇嘛亲自到班禅大师下榻的寝宫与班禅话别，双方很好的交流了思想，并希望能在各自的位置上为黄教事业做出积极的贡献。临行前西藏地方政府僧俗官员、三大寺代表、汉蒙等官员在拉萨河北岸给班禅举行了隆重的欢送仪式。二月十日，五世班禅回到札什伦布寺。

1723年，清圣祖康熙逝世，拉萨所有清朝官员每日三次熬茶斋僧、发放布施。继位的清世宗雍正，特派钦差前往西藏，给各大寺庙的喇嘛熬茶，并发放大量布施，七世达赖和五世班禅则令各寺庙为刚过逝不久的康熙皇帝诵经祈祷，举办了隆重的回向祈祷法会，同时各派大堪布一人，前往北京，祝贺雍正皇帝登基。

同年,喀尔喀蒙古哲布尊丹巴在北京圆寂。卓尼丹增嘉措来札什伦布寺,带来哲布尊丹巴的日常用具等重要回向礼品。为此班禅大师隆重举办了回向祈祷法会,供佛斋僧,祝愿哲布尊丹巴早日转世。由于青海和硕特各部之间不和,噶厦政府特派甘丹法台前去说和。班禅大师也派罗桑赤列带着亲笔信还有礼品前往青海,劝解各部和睦。

1724年(雍正二年,藏历木龙年),雍正皇帝派扎萨喇嘛噶久罗桑班觉、加果吉、笔帖式等人来西藏,赐给达赖喇嘛金印一颗。钦差们还来到札什伦布寺看望班禅大师,并转交了很多贵重礼品。钦差们启程回京时,班禅大师委托他们带去给皇帝的回信及礼品。

七月,噶厦政府特派雪德巴格甘贡噶曲培带着七世达赖喇嘛及其父亲和噶伦岱青巴的信来札什伦布寺,邀请五世班禅前往布达拉宫。但由于身体健康久未恢复,班禅无法前行,并派人前往拉萨说明情况,表示可以考虑在九月左右成行。班禅大师自去年以来身体一直不适,近期又因感冒病情加重,引起了前后藏各界的关注,七世达赖喇嘛也非常关心,特在拉萨三大寺为班禅大师做了祈愿法事、斋僧等仪式活动,还派自己的医生罗桑诺布带着问候信及礼品来札什伦布寺为班禅诊断医治,不久大师身体渐好,班禅派人给达赖喇嘛送信,并送去礼品表示感谢。

1726年(雍正四年,藏历火马年),七世达赖喇嘛打算前往札什伦布寺,请班禅大师给他传授比丘戒。但班禅大师立即写信给达赖喇嘛,劝他不要前来,自己可以去拉萨为他授比丘戒。于是达赖喇嘛派雪第巴贡噶却丹前来札什伦布寺迎请班禅。

三月二十三日,五世班禅启程去拉萨,抵达拉萨时,三大寺的堪布、各大呼图克图以及三大寺各康村的

代表，共约二百余人，西藏地方政府的所有噶伦、僧俗官员也有二百余人，纷纷扎帐欢迎五世班禅。班禅在各地欢迎帐篷略事休息后，即径赴布达拉宫与七世达赖喇嘛格桑嘉措会面，互相献了哈达，行了碰头礼。

四月初九日，班禅大师在拉萨大昭寺释迦牟尼佛像前，给达赖喇嘛传授比丘戒。噶厦政府送了很多贵重礼品以示祝贺。五月十九日，班禅启程回札什伦布寺，噶厦政府官员及三大寺代表等热烈欢送。

1727年（雍正五年，藏历火羊年）二月，喀尔喀蒙古的大喇嘛和僧俗官员的信使来到札什伦布寺，按照哲布尊丹巴呼图克图生前愿望，向五世班禅敬献吉祥曼扎等礼物，向僧众发放布施。代表们从他们挑选出的四个龙年出生的幼童中，确定达尔汉顿珠王之子为哲布尊丹巴呼图克图转世，并请班禅大师为转世灵童取法名为"罗桑丹贝准美"。

在这一时期，西藏噶厦政府内部分别代表前后藏大农奴主的噶伦之间发生了争权夺利的斗争。

七月，西藏地方政府内部的争端全面爆发。阿尔布巴、隆布鼐、扎尔鼐等三噶伦利用首席噶伦康济鼐大肆压制宁玛派所引起的群众不满，以及前后藏不同教派间的矛盾，借此向康济鼐集团夺权，几位噶伦合谋将首席噶伦康济鼐执杀于议事厅内。

首席噶伦被杀后，康济鼐提携培养的颇罗鼐迅速集结后藏阿里藏军，准备讨伐阿尔布巴、隆布鼐、扎尔鼐等三噶伦集团。阿尔布巴等人也调集前藏地方的民兵到达白郎宗，声言要捉拿颇罗鼐。于是双方在白郎地方发生战争。开始颇罗鼐的部队失利，撤退到萨噶宗。拉萨的民兵由达赖喇嘛的舅父古相统帅，进驻日喀则宗，古相前往札什伦布寺看望班禅大师，班禅因身染水痘未予接见，只是派强佐前去慰问双方的部队，并转达了班禅大师希望双方停战和解的意愿。双方表面应和，实则积极备战。此时的颇罗鼐在阿里集结九千余人，开始发起反攻，大败了驻扎在日喀则的前藏军队，攻占了日喀则。颇罗鼐有意拜见班禅大师，班禅也因出水痘，没有与颇罗鼐会面，但还是传话给颇罗鼐，要高瞻远瞩，不要报复生事。但前藏军队已至后藏江孜，颇罗鼐与三噶伦集团形成对峙局面。经五世班禅、达赖喇嘛和萨迦法王代表的极力斡旋，战争未进一步扩大，双方达成停战协议。

隆布鼐和颇罗鼐根据达赖喇嘛和班禅大师的意见，在协议上签了字，达赖喇嘛和班禅大师的代表也在协议上盖了章。双方也将抓获的俘虏全部释放。班禅大师为囚禁在日喀则的俘虏准备了茶和酥油以备他们上路回家。形势暂时平定下来后，纳仓（今申札县）又发生前藏人员捉杀后藏数人的挑衅事件，于是颇罗鼐认为前藏破坏协定，不听大师一再劝说，重新集合军队兵分南北两路，一举占领了拉萨，将阿尔布巴等人围困于布达拉宫内。清朝对此事的看法是"此若能事成，于西藏有益"，大体上是站在颇罗鼐这边的。

得知这一消息，班禅大师立即派人为双方有关人员说情，但未起效果。为平息战乱，清朝中央政府所派的西宁镇总兵官周开捷率兵入藏，经过审判，将阿尔布巴等人处决。平息了前后藏战争之后，清朝承认颇罗鼐建政拉萨，并赐予"贝子"衔，总理全藏事务；清政府为了加强对西藏的管理，正式在西藏设立驻藏大臣正副两人，任期三年，第一任驻藏大臣即是副都统马喇和内阁学士僧格。

同时雍正皇帝还下旨将札什伦布寺以上至岗底斯山以下所有地方划归五世班禅作为庄园，五世班禅一再表示不愿接受。钦差们则表示皇帝赐予大量土地并

非为班禅个人的安乐，而是为了佛法能够发扬宏大，利益众生，劝大师不要坚辞。最后便以皇帝赏赐不可违抗，将彭措林、拉孜、昂仁等三个宗划给班禅。

在拉萨住留几日之后，五世班禅启程返回札什伦布寺，钦差、颇罗鼐、达赖喇嘛的父亲、三大寺代表等热烈欢送，回到札什伦布寺后五世班禅患感冒，病情较重，但在几周的调养中，日益恢复。

由于先前青海内部的争斗不停，导致罗卜藏丹津叛乱事件发生。1728 年（雍正六年，藏历土猴年）十月，雍正皇帝为了确保达赖喇嘛的安全，派驻藏大臣迎请达赖喇嘛移住西康理塘寺，命副都统马喇和副都统鼐格领兵两千人，负责照看，班禅大师则派特使卓尼为即将前行的达赖喇嘛送去慰问信和诸多礼品。

1735 年（雍正十三年，藏历木兔年）八月初九，七世达赖喇嘛返回拉萨。此次达赖喇嘛的离藏时间长达七年。五世班禅听到达赖喇嘛返藏的消息后，又派札什伦布寺的札萨喇嘛罗桑根敦前往布达拉宫，向达赖喇嘛送了许多礼品以示欢迎祝贺。

十月，护送七世达赖喇嘛返藏的一代名师章嘉呼图克图及其随行三千余人，前来札什伦布寺看望五世班禅。札什伦布寺举行了隆重的欢迎仪式，五世班禅在札什伦布寺日光殿亲切接见了章嘉呼图克图，并给他授沙弥戒，取法名为"益西丹贝卓麦"。

是年清世宗雍正驾崩，乾隆皇帝继位。十月二十三日，五世班禅命令札什伦布寺全体僧众为清世宗雍正做法事，上供养，诵经祈祷。

1736 年（乾隆元年，藏历火龙年），乾隆皇帝特派大喇嘛群培达吉和罗桑巴觉前来札什伦布寺看望班禅大师，札什伦布寺举行隆重的欢迎仪式。在钦差们返京时，班禅大师给乾隆皇帝写信谢恩，并派大郭业罗桑扎西前往北京祝贺乾隆皇帝登基。

　　九月初，七世达赖喇嘛自拉萨启程取道江孜，前往札什伦布寺，班禅派了卓尼噶钦白将吉仲及仲郭尔三十人，前往江孜欢迎。达赖喇嘛到达白郎宗时，班禅又派札萨喇嘛伦珠林巴率僧官三十人，前往欢迎。十三日，达赖喇嘛抵达日喀则，札什伦布寺僧众数百人乘马至郊区欢迎，举行了盛大隆重的欢迎仪式。达赖喇嘛到达札什伦布寺后，即到寝宫看望班禅大师，达赖喇嘛先行磕头礼，然后互换哈达，行碰头礼。此次达赖喇嘛在札什伦布寺驻留二十余天，经常与班禅大师会面。五世班禅给达赖喇嘛传了显密两宗的许多法。达赖喇嘛还为札什伦布寺全体僧众讲授了宗喀巴著《菩提道次第广论》。

　　十月初二日，七世达赖喇嘛向班禅辞行，班禅给他送了一尊释迦牟尼像，并表示自己不久人世，嘱咐他为了宏扬佛法和众生安宁，勤修佛法经典，利益众生。达赖喇嘛则一直安慰班禅大师，希望他保重身体，长寿永驻。这是七世达赖喇嘛与五世班禅之间的最后一次会晤。

　　1737 年（清乾隆二年，藏历火蛇年）七月，五世班禅病情日益恶化。五日，札什伦布寺僧众将班禅大师从寝宫抬到益格穹曾殿内，放到法座上面，使之面向东方，扶其作跏趺坐状。大师不久圆寂，享年 74 岁。班禅逝世后，札寺的全体僧众向班禅的遗体磕头祈福，祝其早日"转世"。同时立即派遣专人，前往拉萨，向达赖喇嘛和驻藏大臣报告了班禅逝世的经过，并请达赖喇嘛诵经祈祷班禅早日"转世"。札什伦布寺全体僧众念经祈祷，并向全藏、青海、康区各大寺院熬茶发放布施。

　　当年九月，乾隆帝派专人和外蒙古哲布尊丹巴活佛的代表一起到札什伦布寺祭奠五世班禅。七世达赖喇嘛、驻藏大臣、颇罗鼐、噶伦等也送礼献祭。一共收到礼银六万零四百多两,作为建造灵塔的资金,由强佐罗桑根敦和罗桑才旺二人负责兴建。五世班禅的遗体保存在塔瓶内,塔门内供黄金和铜造五世班禅的等身像。灵塔殿的壁画绘有释迦牟尼、贤劫千佛、阿底峡、仲敦巴、宗喀巴大师、札什伦布寺的创建者一世达赖、五世达赖、五世班禅的画像等。1740 年(乾隆五年,藏历铁猴年),五世班禅灵塔殿完工,举行了开光典礼。

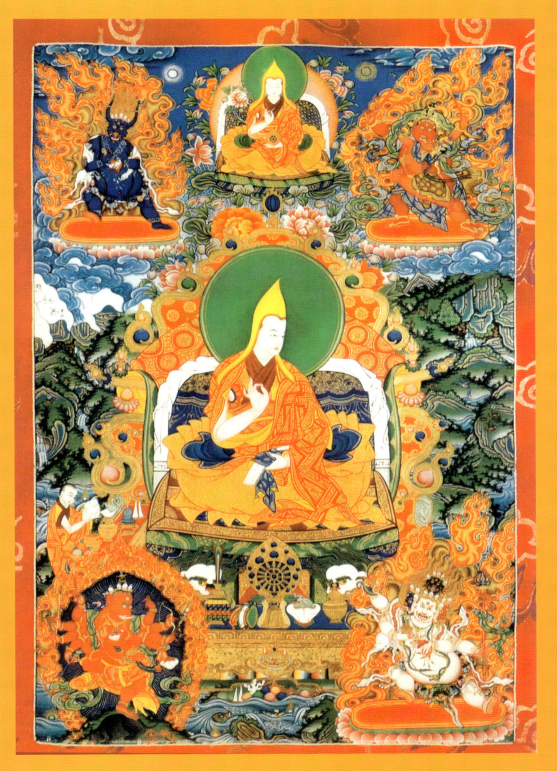

第六世班禅额尔德尼班丹益西（公元 1738～1780 年）

六世班禅班丹益西（公元1738～1780年），后藏南木林扎西则人。1741年，被七世达赖喇嘛认定为前世班禅的转世灵童。1779年，赴京参加清高宗七十大寿庆典。42岁时圆寂于北京黄寺。

六世班禅额尔德尼班丹益西

一、六世班禅的认定、坐床

六世班禅额尔德尼法名洛桑班丹益西贝桑布，简称班丹益西。

1738 年（清乾隆三年，藏历第十二饶迥阳土马年）十一月十一日，班丹益西出生于后藏南木林宗札西则黥卡（今日喀则地区南木林县境内，黥卡意为庄园）。父亲唐拉，聪明勇敢，善良正直，在当地颇有名望。母亲宁达汪姆，是拉达克土王之女，聪颖贤惠，虔诚信奉佛教，乐善好施。据说，班丹益西幼儿时期与其他儿童大不相同，两个月时常作合掌沉思状，七个月时能诵六字真言，八个月会背诵《长寿经》，能识别札什伦布寺七生丸和灵物丸的颜色、大小，能辨认格鲁派与其他宗派的僧衣。自小酷爱音乐，喜欢玩法器，有时手持书本作出宣讲的姿势，像是高僧在讲经。不足两岁，便经常到寺院中同仪轨师一起作酬谢神佛的宗教仪式，修习禅定，远非一般儿童可比。

自五世班禅罗桑益西圆寂后，札什伦布寺诵经降神，高僧大德们到各地查访探寻"转世灵童"。当他们听说南木林宗札西则黥卡有一"灵异卓著的儿童"后，卓尼洛桑尊追将情况禀告给颇罗鼐，颇罗鼐指示其携带前世班禅法物，以到当地的夏嘉温泉沐浴为名，前去密访。1740 年（乾隆五年，藏历铁猴年）七月初一日，洛桑尊追奉命从札什伦布寺出发，前往南木林宗札西则豁卡，对唐拉家庭的历史、社会关系、平日为人等方面作了详细调查，又对班丹益西的出生经过及其日前的表现，进行询问，未发现不良的情况。洛桑尊追于八月十二日抵达札西则豁卡，次日便到唐拉府上求见，班丹益西马上叫出了洛桑尊追的名字。又以五世班禅的白度母像、铃杵、念珠、餐具等法器及生活用品请灵童辨认，均确认无误，洛桑尊追大为惊奇，对灵童深信不疑，返回札什伦布寺后向扎萨喇嘛详细报告了事情经过。扎萨喇嘛派人前往拉萨，向颇罗鼐和七世达赖喇嘛汇报了试验"灵童"的结果。当年闰八月初二日，七世达赖喇嘛的代表阿旺洛桑、颇罗鼐、札什伦布寺僧人代表一行人，同赴甘丹寺康萨大殿请大护法降神，询问后藏南木林宗札西则豁卡出生的孩子是否是五世班禅罗桑益西的"转世灵童"。大护法降神后说：

"三宝无相欺，观音渡众生。众冠无量佛，顶礼表虔诚。札什伦布主，扎西则地生。尽快去授位，愿众吉祥隆。……"

由此确认了班丹益西是前世班禅的"转世灵童"。七世达赖喇嘛写信通知札什伦布寺，要求妥善保护班丹益西，同时将寻访班禅灵童的经过和结果，咨文通知了当时的驻藏大臣纪山，并呈请纪山上奏乾隆皇帝。不久，乾隆皇帝遣使颁圣谕予以批准。九月初六日，七世达赖喇嘛给班禅灵童取法名为"洛桑班丹益西贝桑布"。札什伦布寺亦派人到扎西则豁卡告知唐拉夫妇，他们的小孩是五世班禅的"转世灵童"，即六世班禅额尔德尼。第二天，札什伦布寺僧人用轿子将班丹益西迎请到香地顿珠墨卡。

1741 年（乾隆六年）五月初九日，札什伦布寺前大总管洛桑格敦在伦珠林圆寂，札寺公推日岗巴·吉仲罗桑次旺为管家,以便由他主持坐床大典。六月初一日,札什伦布寺的扎萨喇嘛、索本堪布、森本堪布、卓尼第穷、颇罗鼐的代表、札雅班智达等赶到顿珠墨卡,由扎萨喇嘛为班丹益西剃发,更换僧衣,将班丹益西扶上前世班禅额尔德尼坐过的宝座上。而后设宴庆祝,班丹益西为众人依次摩顶。六月初二日,从顿珠墨卡出发,班丹益西被送到札什伦布寺。六月初四日,在札什伦布寺的日光殿隆重举行了六世班禅的坐床典礼。参加典礼的有清中央政府派的钦差大臣脱藏格大喇嘛、加果吉、笔帖式和颇罗鼐,还有达赖喇嘛的代表第珠堪布洛桑诺布,札寺的全体僧俗官员,各属寺、各宗、各谿卡的官员、头人等。坐床大典一开始,将六世班禅安置在前世班禅的法座上,首先由清政府的钦差大臣代表乾隆皇帝为祝贺六世班禅坐床赏赐了上等哈达、银器、上等绸缎二十四匹等珍物多种,另赐给白银三千两,作为坐床典礼的费用。达赖喇嘛赠送银制曼荼罗、佛像、佛经、佛塔、僧衣、银器及白银一千零五十两。达赖喇嘛的父亲、颇罗鼐及其二子、驻藏大臣代表、甘丹池巴的代表、三大寺的代表,均敬献了上等哈达和各种厚礼。六月初七日,钦差大臣脱藏格大喇嘛代表乾隆皇帝,向札什伦布寺的全体僧众熬茶供斋饭,给每个僧人发放布施白银五钱。班禅拉让向乾隆皇帝上书谢恩,献了西藏特产氆氇等礼品。

1742年(清乾隆七年,藏历水狗年)十月初三日,札什伦布寺派往北京向皇帝报告六世班禅坐床经过的特使郭聂、然迥巴、贡桑自北京返回,六世班禅派僧人组成仪仗队,高擎旗幡,极其恭敬地迎接乾隆皇帝的圣旨。乾隆皇帝嘱咐班禅用心学习佛法,赐给绸缎一百一十二匹等物品。班禅高兴地接受了圣旨和礼物。

据史料记载,六世班禅额尔德尼班丹益西天资聪慧、学业精勤、修持严谨，3 岁开蒙从师习经，4 岁时可以毫无困难地诵读《皈依颂》、《智慧虚空母颂》、《虚空佛母颂》等等经文，熟练地掌握了天女施食和土地神施食仪轨。就在 4 岁这一年，他先后跟从温萨寺僧人益希扎西、益希窘乃、益希塔耶、顿珠坚参、平措扎西等人修完了《胜乐根本续》；跟仲孜巴洛桑茨程、宗喀巴益希索朗修完《释量论》、《解脱道论明疏》；跟达摩巴洛桑索巴、协巴格敦巴桑修完《释量论》第四章；跟密乘师哈东巴噶钦益希丹增修完《吉祥集密生圆二次第论》；跟达哇次仁修完《四部医典》。小小年纪，便能过目成诵，令人钦佩不已。5 岁时，六世班禅拜阿旺强巴为师，随其修习《菩提道炬论》、《摧破金刚陀罗尼洗礼》、和《长寿灌顶》等佛教经典。6 岁时，拜札什伦布寺的大密乘师洛桑索巴为师，学习四世班禅所著的《宗喀巴大师之上师瑜珈》、《妙音天女赞》、《文殊语狮子修行法》等，宗喀巴大师的《妙音天女修行法》等论著。

1744 年（乾隆九年），六世班禅年已 7 岁。是年九月初三日，由经师安钦·洛桑索巴、轨范师吉康巴·洛桑顿珠、屏教师洛桑克尊等授了沙弥戒。五天后，颇罗鼐率领 500 余人前来札什伦布寺敬献礼物。九月十日，六世班禅被颇罗鼐、噶伦公班智达等人迎请到札什伦布寺佛殿，登上无畏狮子宝座，开始了弘佛利民的大事。乾隆皇帝派官员携所赐日用器皿等厚礼前来祝贺。达赖喇嘛和颇罗鼐赠送了曼荼罗、佛经、佛塔、僧衣等。这一年，班禅开始跟从经师安钦·洛桑索巴学习《吉祥金刚大威德上师瑜珈》、《大梵天》等教戒。八岁时，开始学习《四世班禅罗桑确吉坚赞全集》和《五世班禅罗桑益西全集》，该年的十月初四日，乾隆皇帝再次派钦差传谕六世班禅，强调："班禅额尔德尼为众生上师，须勤奋上进，不可懈怠"。

二、珠尔墨特那木扎勒事件

六世班禅额尔德尼班丹益西幼年时期，正是颇罗鼐掌政时期，西藏经过休养生息，经济有了一定的发展，社会相对比较安定。在举行六世班禅坐床典礼的同一年，清中央政府在西藏举行了晋封颇罗鼐为郡王的册封典礼。颇罗鼐名索朗多吉，出身于后藏年楚河流域的"颇拉"（今白朗县杜琼区颇拉乡）贵族家庭。按藏族贵族传统，凡出身于贵族世家子弟，均在其名字前冠以家族名称，故称之为颇拉哇·索朗多吉，清史资料中写作"颇罗鼐"。颇罗鼐 17 岁开始崭露头角，以其文武双全的本领，在历次事变中表现出非凡的能力，受到清政府的倚重，于 1728 年授命其执掌藏务。1747 年（乾隆十二年）二月初六日，颇罗鼐在拉萨病逝。

颇罗鼐有两个儿子，长子图谢图公益希次旦，清史资料中写作"珠尔墨特车布登"，率兵镇守阿里地方，1746 年（乾隆十一年）封为镇国公，又被称为阿里公。次子达赖巴图尔，或作晋美南杰，清史资料中写作"珠尔墨特那木扎勒"。颇罗鼐死后，乾隆皇帝降旨任命珠尔墨特那木扎勒代其职位，继任摄政王。六世班禅派人去拉萨向珠尔墨特那木扎勒表示祝贺，赠送黑狐皮帽、金银等礼物。同时，也给达赖喇嘛和珠尔墨特车布登献了礼。

珠尔墨特那木扎勒嗣位后，即想拜会班禅，但由于准噶尔扰边，形势混乱，至 1748 年（乾隆十三年），方由拉萨前来札什伦布寺看望六世班禅。五月十五日，六世班禅会见了摄政王珠尔墨特那木扎勒父子、阿里公的妻子和儿子、摄政王的三位妃嫔、三名噶伦、卫藏代本、拉莫护法神师索朗旺堆、蒙族台吉等一百余人，为他们一一摩顶问安。珠尔墨特那木扎勒向六世班禅献了哈达，并赠送了一串念珠，据说是清朝皇帝赠给他父亲颇罗鼐的，价值白银十万两。珠尔墨特那木扎勒在日喀则住了近一个月，六月初三日，班禅与摄政王观赏了一百四十匹良马参加的赛马会，奖赏了获胜者。当晚，在六世班禅寝宫，摄政王父子献了"会供曼荼罗"，并请拉莫护法神师索朗旺堆作法，祈求班禅长寿。次日，六世班禅为摄政王珠尔墨特那木扎勒一行饯行，按地位高低分别予以赏赐；册封拉莫护法神师索朗旺堆为"达尔汗额尔德尼法王"，并赐厚赏。

珠尔墨特那木扎勒行事与其父颇罗鼐迥异，独断专行，性情暴戾，并图谋赶走驻藏大臣和驻藏清军，与新疆准噶尔部蒙古相勾结，妄图达到其分裂祖国的险恶目的。甚至对七世达赖喇嘛也不放在眼里，颇罗鼐病故后，七世达赖喇嘛要向死者"吊奠诵经"，被珠尔墨特那木扎勒拒绝。经过驻藏副都统傅清的调解，才允许七世达赖吊祭。1749年（乾隆十四年），珠尔墨特那木扎勒以古佛一尊、马一匹、猞猁皮十余张、白银一千两买通了驻藏大臣纪山，一边上书诬陷其兄阿里公珠尔墨特车布登，一边发兵阿里，与阿里公发生武装冲突，意欲除去通往新疆准噶尔部蒙古的障碍。尽管六世班禅曾致函二人，劝说他们兄弟不可武力相争，但无济于事，珠尔墨特那木扎勒一意孤行，当年十二月十八日，派人将珠尔墨特车布登杀害。乾隆皇帝撤了纪山的驻藏大臣职务，任命工部侍郎拉布敦取代纪山，驻藏办事。1750年（乾隆十五年），珠尔墨特那木扎勒更加变本加厉地谋划叛乱，一是阴谋驱逐全部驻藏清军，指示其部下："我已设计撤回汉兵四百余名，其余的若不识趣早回内地，一定将他们全部杀光。"二是派卓尼罗布藏札什控制了驿站，不许汉人文书往来，断绝了清中央政府与驻藏大臣间的塘汛文书联系。三是暗中与准噶尔部勾结，请准噶尔派兵入藏援助其发动叛乱。幸亏其来往书信被截获，与准噶尔里应外合的阴谋破产。四是对颇罗鼐的旧人进行排挤打击，"凡颇罗鼐所用旧人，杀害、抄没、黜革者甚多。"因此，驻藏大臣傅清、拉布敦向乾隆皇帝上书："珠尔墨特那木扎勒现在调兵防阻，有谋不轨之意。应俟珠尔墨特那木扎勒由打克萨地方回来接见之时，即为擒拿，翦除此孽。"乾隆帝不同意他们的做法，认为时机未到，傅清、拉布敦在西藏人单势薄，此举太过冒险，要他们"加意慎密，妥协办理。"然而，当时珠尔墨特那木扎勒已切断了北京与西藏之间的通讯联系，傅清、拉布敦没能接到皇帝的这道"敕书"。

　　1750 年（乾隆十五年）十月十三日，珠尔墨特那木扎勒回到拉萨，驻藏大臣傅清、拉布敦以"有旨议事"为名，让他到驻藏大臣衙门（在今拉萨市大昭寺附近的冲赛康）来接旨。珠尔墨特那木扎勒认为驻藏大臣人单力薄，所以只带了少数亲信，上楼后，楼梯被撤掉。珠尔墨特那木扎勒跪拜时，傅清"以梏击其首，立毙"。其侍从也被驻藏大臣的亲兵杀死。只有卓尼罗布藏札什从楼上跳下，叫来同党聚众围攻驻藏大臣衙门。傅清派人叫噶伦公班第达派兵救援，公班第达以"力薄不能救护"，去布达拉宫向七世达赖喇嘛报告，达赖派众僧救护未成。傅清身中三创，自知不能幸免，自刎而死。拉布敦"挥泪别之，挟刀跳楼下，杀数十人，肠出委蛇于地，然后死"。同时遇难的还有主事、参将及士兵等五十余人，商民七十七人，被抢库银八千余万两。惨案发生后，七世达赖喇嘛采取果断措施，组织人力物力平定叛乱，缉拿罗布藏札什等叛乱分子多人，追回劫去的库银几万两，下令恢复"塘汛文书"。将幸存下来的汉官、商贾 200

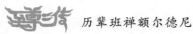

余人收留在布达拉宫，给予生活上的照顾。

清政府派四川总督策楞、提督岳钟琪统兵入藏，中途听说七世达赖已将叛乱平息，乾隆皇帝命岳钟琪停止进藏，将所带官兵在打箭炉驻扎，以资弹压。策楞等人抵达拉萨后，立即惩办凶手，处决了罗布藏札什等首犯。珠尔墨特那木扎勒的家产亦全部充公，妻子被处死，儿子达尔扎策凌"解京"。其所属之三十九族地方与达木八旗地方，此后归驻藏大臣直接管理。傅清、拉布敦追赠为一等伯，入贤良祠、昭公祠春秋致祭。

新任驻藏大臣班第、纳穆扎尔抵达拉萨后，六世班禅派人向新任驻藏大臣祝贺，并按官职高低对笔帖式、粮台官、士兵、商贾等二百四十七人进行慰问，赠送了香料、白银、粮食等物品。同时上书请求皇帝继续照管西藏，乾隆皇帝亦敕书赐物以示嘉奖。不久，驻藏大臣派笔帖式等人前去札什伦布寺看望六世班禅，送去皇帝的问候信。

珠尔墨特那木扎勒事件发生后，拉萨形势混乱，七世达赖喇嘛为应付紧急局势，在未经清廷许可的情况下，命令噶伦公班第达暂时代理藏务。乾隆帝认为此人并不可靠，在傅清向其求援时，他并未真正尽力，况且"即使恭顺如颇罗鼐，而其子孙亦不可保，此其可虑，岂在珠尔墨特那木扎勒下哉？"于是传谕："西藏此番举动，正措置转关一大机会，若办理得当，即可保永远宁谧。……西藏必当众建而分其势"。根据这一指示，策楞、班第等人与七世达赖喇嘛共同商议，提出了西藏善后章程十三条，废除郡王掌政制，设立噶厦政府，由达赖喇嘛和驻藏大臣直接领导。噶厦由一僧三俗四位噶伦组成，地位平等。塘汛文书往来及噶伦事务，全部由驻藏大臣管理。这次事件的处理，确立了达赖喇嘛在西藏的政治地位和西藏政教合一的政治体制，成为西藏历史的转折点。

三、与七世达赖喇嘛的往来

六世班禅早就有意去拜会七世达赖喇嘛，为极早实现这一心愿，要求珠尔墨特那木扎勒早定时间。同时，班禅亦派人前往拉萨向达赖喇嘛呈书献礼，述说自己盼望与达赖会晤的心愿，希望能够早日成行。1749 年（乾隆十四年）三月，六世班禅接到摄政王珠尔墨特那木扎勒和七世达赖喇嘛的邀请信后，决定于三月底从札什伦布寺启程前往拉萨。三月二十九日正式动身，途中拜谒者难以数计。四月十日，摄政王与哲蚌寺僧人在距拉萨三十华里的辛东噶尔迎驾。抵达拉萨后，六世班禅与七世达赖喇嘛会晤于大经堂，班禅向达赖喇嘛献了哈达、马蹄银十锭、各种绸缎等见面礼。

七世达赖喇嘛于次日摆盛宴招待各位。宴会过后，达赖对班禅说："今抵此地，万幸，应多住几日。吾将从高僧大德及圣者经师所获一切教理奉献于汝。"班禅的大管家禀告："如此旨意，恩泽深重，但拉莫大护法神师预言：'尔今年少，只可受少许灌顶、随许及诵传经论，不可久留，须返本寺。日后年岁稍大，将所有灌顶、随许及诵传经论授之为善'"。由此，班禅只在拉萨逗留了十九天。期间，于四月十三日班禅在布达拉宫给达赖喇嘛祝寿。而后，班禅在达赖喇嘛膝前闻听《文殊阿拉巴杂随许法》、《菩提道次第广论》、《兜率上师瑜伽论》等诵传。达赖喇嘛又传授了《白度母如意法轮随许法》，预祝班禅健康长寿，事业昌盛。四月十五日，达赖、班禅师徒在大昭寺会面，互赠礼物，一同礼拜佛像。而后十几天，班禅在拉萨一直忙于法事，会见高僧大德、达官显贵，

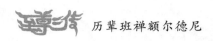

为信徒摩顶。四月二十九日，六世班禅自甘丹寺康萨大殿起驾，踏上归程，五月十五日回到札什伦布寺。

1751年（乾隆十六年），六世班禅已14岁，派人前去拉萨送信给七世达赖喇嘛，请求授教灌顶，达赖同意于来年的五月会晤。

1752年（乾隆十七年）一月二十三日，六世班禅的经师洛桑索巴圆寂。班禅派人到拉萨告知七世达赖喇嘛，献回向礼白银一百两、绸缎八匹等共六件礼品。同时，向驻藏大臣报告，请求选定新经师。达赖喇嘛与驻藏大臣同意任命杰康洛桑群培为新任大经师，班禅上书请驻藏大臣转奏皇上。五月，班禅开始为去拉萨拜会达赖喇嘛做准备。乾隆帝指示：此次去拉萨，不得给沿途百姓带来负担，要减少联络人员，具体事宜与达赖喇嘛及地方政府联系。五月二十一日，达赖喇嘛派人邀请班禅，并下令照顾班禅途中安全，不许惊扰百姓，途中各寺院、政府庄园供给一切费用。

六月初五日，六世班禅抵达拉萨，驻藏大臣班第、纳穆扎尔、多尔济，三大寺的上师、活佛、执事，噶厦政府官员，其他寺院的僧人，当地群众等千余人前来迎接。六月初六日，班禅先至哲蚌寺，为诸僧讲授修行与戒律的教诫，并分别赐予护身结。用过午膳后，班禅径赴布达拉宫拜会七世达赖喇嘛，在日光殿以师徒礼与达赖见面。六月十二日起，六世班禅开始潜心跟七世达赖喇嘛学习佛法和宗教仪轨，当日，达赖喇嘛为班禅传授了《金刚鬘灌顶预备仪轨》。六月十五日，达赖喇嘛为班禅传授《文殊金刚坛城十七神灌顶》。从六月十五日至七月十八日，班禅随达赖喇嘛学习了《金刚鬘四十二坛城及外事善行三坛城》等共四十五坛城灌顶法。学习期间，七世达赖喇嘛鼓励六世班禅要谨守前一世班禅的遗言，广闻博学，弘扬佛法，利益众生。

　　七月二十三日，达赖喇嘛正式为班禅传授事部灌顶，即《妙音天女灌顶》和《藏跋拉灌顶》。七月二十四日又传授了瑜伽部和无上瑜伽部灌顶。九月初三，班禅学完迷扎传承的所有灌顶法，达赖又开始为其传授大威德金刚十三尊坛城灌顶法。九月六日至九月十七日，班禅依次学习了时轮灌顶法、克珠杰修行坛城趋入七灌顶的初次灌顶、大灌顶和金刚大主灌顶。

　　七世达赖喇嘛不辞辛劳，为报五世班禅师恩，将各种灌顶法、诵传、随许法、秘诀授与六世班禅，一再谆谆教诲：做为班禅，肩负弘法重任，要像您的前世一样，精通显密教法。乾隆帝在此期间，特意派官员到拉萨问候六世班禅。

　　十一月十七日上午，达赖喇嘛与班禅赠别，师徒难舍难分，依依惜别。而后，六世班禅择吉日启程，十二月初四返回札什伦布寺。此后，师徒二人虽分别驻锡拉萨、日喀则两地，但互相关心，往来不断。班禅回到札什伦布寺没多久，于1753年（乾隆十八年）的正月十二日，下令札寺及其属寺设立达赖喇嘛祝寿颂文法会，为达赖诵经祝寿。六世班禅在百忙之余，依然勤于修习佛法。达赖喇嘛对班禅的学习情况极为关注，在班禅学因明学时，致函嘱咐：要多邀请几位格西（佛学造诣很高的僧人）在卧室昼夜陪伴你学习才好。于是，班禅邀请了堆桑勒贤林巴噶钦益希迥乃、夏尔孜寺洛巴·噶钦夏仲云丹坚参等四位因明大师每日在卧室辩论伴习。班禅进步迅速，成绩显著。

　　1754年（乾隆十九年），六世班禅已17岁了，虽事务繁忙，仍习经不辍，此时已精通了《量论略义集》的全部内容，又开始深造陈那、法称师徒高深莫测的辩理学说。这一年三月，七世达赖喇嘛身体不适，班禅得知后，立即派知宾洛桑雅佩前去拉萨向达赖喇嘛献礼问安。

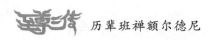

五月十五日，达赖喇嘛派知宾前来札什伦布寺，赠送曼荼罗、佛像、佛经、佛塔、僧衣、白银一千两、黄金五两、绸缎、砖茶等，称赞班禅努力精进、习经刻苦。

1755 年（乾隆二十年）正月起，班禅每日在日光殿同辩经师辩论，致力于因明正理的研究讨论。三月份，七世达赖喇嘛旧病复发，气促咳嗽。札什伦布寺拉章派知宾洛桑雅佩前往拉萨献礼慰问达赖喇嘛。四月二十日，达赖喇嘛派知宾送信告知班禅已康复的消息，班禅非常高兴。不久，钦差大臣前来传达圣谕：清军已击败准噶尔部，平定了新疆，准噶尔对西藏的威胁已彻底解除。为此，六世班禅写信向乾隆皇帝祝贺，并献上哈达、金铜佛像三尊、红白念珠等礼物。八月份，达赖喇嘛病势加重，医治服药全无效果。噶厦政府派人请教班禅医治良方。班禅非常担忧，立即回信愿作法事祈求达赖喇嘛恢复健康。

1757 年（乾隆二十二年）二月初六，班禅接到从驿站传来的布达拉宫大堪布的信，说七世达赖喇嘛已于二月初三日在布达拉宫病逝；请求班禅写一文告，通知西藏全体僧俗群众；希望班禅祈祷达赖早日转生，速寻转世灵童。班禅观信后异常悲痛，立刻写了"速转生祈祷文"，大量刻版印刷；并严令七日内，不许僧人戴帽，不许高声喧哗；在札什伦布寺密宗学院，组织僧人念经四十二日，祈祷达赖喇嘛灵童及早降世。六世班禅又派人到拉萨三大寺和卫藏各大寺熬茶，发放布施，祈祷达赖喇嘛早日转世。

六世班禅已虚龄 20 岁，到了受比丘戒的年龄，原定于六月由七世达赖喇嘛为其授戒，但由于达赖圆寂，未能如愿。札什伦布寺执事僧官等商议后决定，请现任经师洛桑群培给六世班禅授比丘戒。因此，选定六月四日为六世班禅额尔德尼受比丘戒的吉日，授戒典礼在札什伦布寺大经堂举行。噶厦政府的代表、三大寺的代表、驻藏大臣的代表等专程前来札什伦布寺,祝贺六世班禅额尔德尼受比丘戒圆满成功。

四、寻访、认定八世达赖喇嘛,
新的师徒关系的确立

七世达赖喇嘛圆寂后,西藏政教事务一时无人总理,乾隆皇帝担心噶伦等人擅权滋事,命第穆呼图克图在七世达赖喇嘛的转世灵童尚未找到和新一世达赖喇嘛未到十八岁法定执政年龄之前,代行达赖职权,这就是西藏噶厦政府摄政制度的开始。

1757年(乾隆二十二年)十二月,章嘉国师奉旨进藏寻访达赖喇嘛转世灵童,六世班禅派知宾噶钦益西群培前往迎接。1758年(乾隆二十三年)四月初一日,章嘉国师若必多吉、加果吉、噶伦公班第达等汉藏官员来到札什伦布寺。在日光殿上,班禅向皇帝问安,章嘉国师转达了皇上的问候,称赞达赖、班禅师徒在雪域高原弘扬佛教,利益众生的功德;要求供祭达赖喇嘛灵塔、观音和释迦牟尼佛像,广施众僧,虔诚祈祷达赖喇嘛转世灵童早日转世。章嘉国师在札什伦布寺逗留了二十天,每天与六世班禅研讨经论,畅谈政教大事。四月二十日,班禅在卧室设宴欢送章嘉国师。章嘉国师献上无量寿佛像,再次嘱托班禅为达赖喇嘛灵童的事费心。班禅表示:奉旨选认达赖喇嘛灵童,是自己的责任,一定会尽心查访。

1759年(乾隆二十四年)一月,章嘉国师和第穆呼图克图致函邀请六世班禅去拉萨为达赖灵塔开光,选认灵童。班禅欣然同意。二月初九从札什伦布寺启程,二月二十二日抵达拉萨。二月底，章嘉国师、第穆呼图克图、诸位噶伦派高僧大德分头去康区、后藏、沃卡等地查访达赖喇嘛灵童。临行前班禅嘱咐他们：这是佛法众生的大事，一定要遵照皇上旨意办事。并为众人按次摩顶，予以鼓励。四月十三日，应噶厦政府的邀请，班禅大师、章嘉国师、第穆呼图克图、经师等为七世达赖灵塔举行了金刚大威德开光仪式。

五月十九日，六世班禅大师从甘丹寺康萨大殿起驾回程，一路上讲经说法，六月十四日，路过出生地南木林宗札西则豁卡，驻锡在当地的噶丹热不结寺，听人说，在附近的托布加豁卡的拉日岗村，某一贵族家于土虎年（1758年，乾隆二十三年）出生了一个男孩，传言他就是七世达赖喇嘛的转世灵童。班禅命人将该孩童及其父母请到噶丹热不结寺。史料记载说：男孩因年幼，口齿不清，虽不能断定，但此日空中彩云飘浮，大地分外松软，征兆良异。六世班禅招待了他们，但未表态，只是暗中观察了小孩。在噶丹热不结寺驻锡了一个半月，八月一日起程回返，于八月三日抵达札什伦布寺。

1760年（乾隆二十五年）十二月，经过各种宗教手续的检验后，认定在噶丹热不结寺观察过的那个幼童为七世达赖喇嘛的转世灵童。经驻藏大臣奏请乾隆帝批准，确认为八世达赖喇嘛。驻藏大臣通知第穆呼图克图，命噶厦政府和三大寺派遣僧俗官员前往南木林宗托布加豁卡的拉日岗村将灵童迎出，暂时先安置在札什伦布寺。

1761年（乾隆二十六年，藏历铁蛇年）正月十一日，应噶厦政府请求，六世班禅在札什伦布寺如意持法殿为七世达赖喇嘛的转世灵童剃度、授戒，取法名为杰尊洛桑丹贝旺秋强白嘉措贝桑布，简称强白嘉措。三月初五，摄政第穆呼图克图、驻藏大臣集福、噶伦公班第达和噶伦扎萨大喇嘛等八百多人前来札什伦布寺，迎接七世达赖喇嘛的转世灵童前往拉萨。次日，噶厦政府出资，在札什伦布寺大经堂举行了隆重的庆祝会，六世班禅与灵童登上宝座，第穆呼图克图、驻藏大臣集福、两位噶伦向他们敬献了哈达和贵重礼品。三月十三日、十四日连续两天，班禅设宴欢送七世达赖喇嘛的转世灵童，为其传授《成就度母随许法》，嘱咐继承前辈业迹，弘扬佛法，利益众生，预祝其路途平安，事业圆满。三月十五日，班禅派知宾洛桑雅佩、益希贡却、管家洛桑根敦和领诵师四人护送七世达赖喇嘛的转世灵童，从札什伦布寺出发，前往拉萨。札什伦布寺四大学院的代表、僧俗官员和群众，一直欢送到东驿站。

1762 年（乾隆二十七年，藏历水马年）闰五月，摄政第穆呼图克图、驻藏大臣集福、福鼐、傅景等共同派知宾格桑顿珠、色拉寺管家业巴等前来札什伦布寺，迎请班禅到拉萨为强白嘉措授近事戒，主持将于七月举行的八世达赖喇嘛的坐床典礼，。六月初七日，六世班禅从札什伦布寺出发，奔赴拉萨。因七世达赖喇嘛的转世灵童还住在聂塘的拉瓦堆寺，班禅先到拉瓦堆寺与之见面，并每日给灵童浴身。驻藏大臣集福也同时来寺，与班禅大师商讨八世达赖喇嘛的坐床典礼等事宜。七月初六，第穆呼图克图等一千多人来到聂塘迎请强白嘉措前往布达拉宫。七月初九日，拉萨市民和政府官员在大道两旁排队欢迎，盛况空前。七月十四日，在布达拉宫的日光殿，六世班禅给强白嘉措授了近事戒。八世达赖喇嘛强白嘉措正式坐床。为了庆祝达赖坐床，班禅派人分头到三大寺和其他各大寺庙，为僧众熬茶，发放布施。

八月二十四日，六世班禅及其随从官员准备返回札什伦布寺，噶厦献礼送行。九月初五，六世班禅向八世达赖喇嘛、摄政、驻藏大臣等人辞别,于九月二十一日回到札什伦布寺。

1765年(乾隆三十年,藏历木鸡年),此时八世达赖喇嘛强白嘉措年已7岁,到了受沙尼戒的年龄。三月,噶厦政府派人致函给六世班禅,邀请他前去拉萨。五月,噶厦又派知宾格桑顿珠等僧官前来札什伦布寺迎接六世班禅。六月初一日,班禅一行到达拉萨,径赴大昭寺,在寺内的甘丹央孜殿与八世达赖喇嘛见了面。噶厦政府在大昭寺的大庭院设宴献礼,为六世班禅接风。当晚,班禅下榻在寺内的大拉章觉琼殿。

六月初二日,由噶厦政府提供费用,六世班禅应邀与第穆呼图克图、经师洛桑群培、八世达赖喇嘛的经师阿旺曲扎、甘丹池巴等为新建的大昭寺佛塔举行开光仪式。而后,在大昭寺的释迦牟尼佛像前,班禅大师担任轨范师,经师阿旺曲扎担任司时,摄政第穆呼图克图担任司仪,为八世达赖喇嘛授了沙弥戒。自此,六世班禅额尔德尼又与八世达赖喇嘛建立了师徒关系。驻藏大臣福鼐等人也到场观礼,并代表皇上向达赖受沙弥戒致贺。六世班禅在拉萨驻锡了两个多月,每日为八世达赖喇嘛讲说经典,传授了《九尊无量寿佛灌顶》、《宗喀巴大师传》、《菩提道次第广论》等经文多部。乾隆皇帝赐给书信、礼物,赞扬班禅大师为八世达赖喇嘛授戒有功,班禅上书谢恩。八月二十三日,六世班禅向八世达赖辞别,于九月十四日回到札什伦布寺。

1766年(乾隆三十一年,藏历火狗年)七月,噶厦政府通知:乾隆皇帝派钦差大臣前来册封六世班禅,目前已经抵达打箭炉。班禅大师立即派印经师益希塔耶、知宾格桑格勒等前去打箭炉迎接。九月十七日,钦差大臣阿萨罕干、扎萨喇嘛阿旺班觉呼图克图等一行数十人到达札什伦布寺。据藏文史料记载:在札寺日光殿上噶伦公班第达宣读了用满、汉、藏三种文字书写的金册。此金册用纯金制成，共十三页，净重二百三十两。另有纯金大印一颗，也用满、汉、藏三种文字刻着："敕封班禅额尔德尼之印"，净重二百零八两。同时，钦差大臣转交了皇帝所赐的上等哈达、绸缎多匹、白银、水晶器皿多件。六世班禅接受了金册、金印及礼品后，上书致谢皇帝关心佛事，册封赐物之恩。之后，班禅大师举行盛大宴会，为钦差大臣一行洗尘。九月二十七日，钦差大臣阿萨罕干准备先去拉萨办事，而后返京，班禅举行了隆重的欢送仪式，设宴为钦差一行饯行，赠送佛像、香包等礼物。又派知宾洛桑饶丹、印经师益希塔耶护送钦差大臣到拉萨。十一月初一日，班禅派知宾洛桑格勒进京朝贡，上书感谢皇帝册封之恩。

1767 年（乾隆三十二年，藏历火猪年）二月一日，六世班禅的哥哥洛桑金巴，即仲巴呼图克图，开始担任札什伦布寺大强佐（又译作司库，即总管家，掌管班禅系统的财政），六世班禅特赐给阎婆罗像一尊，并诵经为其灌顶，以示祝贺。八世达赖喇嘛派内侍向班禅大师和洛桑金巴献礼祝贺。摄政第穆呼图克图、四噶伦、六世班禅的弟弟噶玛噶举派红帽系十世活佛却珠嘉措等也都派代表前来祝贺。四月五日，大强佐洛桑金巴前往拉萨慰问达赖喇嘛，班禅大师为其饯行。

班禅大师作为西藏政教两大领袖之一，在藏区、内外蒙古有着极高的威望，每年前来札什伦布寺拜谒班禅大师、祈求保佑、请求摩顶授戒的各寺活佛、喇嘛、内外蒙古的王公贵族、僧俗信徒不计其数。九月十二日，六世班禅大师的侄女、香巴噶举派桑顶寺的女活佛桑顶多吉帕母请求大师为其僧俗群众传授《二十一尊度母修念随许法》和《白度母修念随许法》。十一月份，班禅大师的哥哥、大强佐洛桑金巴在香噶尔新建噶丹德钦饶杰寺,六世班禅布施哈达、银两,资助供物。仅这一年里就有康区的札雅活佛、蒙古的鄂尔多斯大贝勒次旺班觉代表、科尔沁大喇嘛、厄鲁特洛桑尼玛、鄂尔多斯贝勒扎西次仁、鄂尔娘等派代表等前来请求班禅大师传授佛经。藏区各寺庙请求大师授沙弥戒、比丘戒、居士戒者更是络绎不绝。

1770年(乾隆三十五年)二月,六世班禅派堪布益希根敦携带厚礼、祝寿辞进京朝贡,祝贺乾隆皇帝六十大寿。六月份,噶厦政府派人致函给六世班禅,请求大师去拉萨为八世达赖喇嘛讲经授教。班禅大师回信表示同意。八月份,噶厦政府派遣侍乘官、哲蚌寺僧人等前来迎接六世班禅大师。九月十日,班禅大师启程前往拉萨。到拉萨的第二天,便为达赖喇嘛举行了摧破金刚洗礼仪式。从十月初二日开始,一直到十二月份,六世班禅为达赖喇嘛讲授了《文殊修念随许法》、《集密不动金刚灌顶》、《吉祥胜乐灌顶》、《大威德灌顶》、《释量论》、《律论》、《现观庄严论》、《中论》和《俱舍论》等多部经典。

十一月份,驻藏大臣、达赖喇嘛和噶厦政府收到康区拉日地方流行天花的急报后,立即派出汉藏官员组成的调查团前去了解情况,并给布达拉宫及附近居民发放药物,通知各宗防止瘟疫流传。至十二月份,在布达拉宫附近也出现了天花患者。六世班禅请达赖喇嘛闭关静修,自己也准备返回札什伦布寺。同时,班禅大师为了达赖喇嘛的安康,要求三大寺、上下密院、南杰扎仓、甘丹密乘院举行"白伞幢佛母"与"般若心经"禳解仪式,施放僧茶,为僧人布施哈达、银两;提供费用供祭甘丹寺宗喀巴灵塔和阎摩护法像。十二月十九日,班禅大师驾离布达拉宫,踏上归程。沿途献礼、迎送者不绝于途,大师一路上依然讲经说法,于次年的正月初九日回到札什伦布寺。

1771年（乾隆三十六年）由于各地天花瘟疫流行，班禅大师回到札什伦布寺后，为消灾禳病，多次举办法会祈求保佑众生。十月底，札什伦布寺一僧人外出时遇到一个天花病人，驮回寺中救治，结果三天后，病人死了。寺里的僧人纷纷离开寺院躲避瘟疫。寺内的上师们也请求班禅大师早作决定，于是班禅离开札什伦布寺，到温萨寺避灾，并发书信经驿站给达赖喇嘛，告知其已暂时迁居温萨寺，祈请达赖诵经解除瘟疫。

1772年（乾隆三十七年，藏历水龙年），瘟疫仍然流行，数名札什伦布寺僧人染病身亡。二月份，噶厦政府派下密院四名医僧前来与班禅大师商讨医治瘟疫的办法。至二月底，瘟疫已经遍及整个日喀则地区，温萨寺僧人也被传染，六世班禅只得离开温萨寺，前去噶丹德钦饶杰寺躲避。是年六月初一日，达赖喇嘛开始学习"性相学"，准备邀请班禅前往拉萨为其授业，由于各地天花瘟疫流行，未能成行。这一年里，六世班禅为消除瘟疫，多次供祭护法，举行酬补仪式；不断出资举办法会，布施乞讨者，救济贫困，行善积德。十二月份，传来乾隆皇帝圣旨，要求班禅大师为北京的佛殿设计雕制五十六尊吉祥铜无量寿佛像，先呈送八尊至京，其余的以后再委托专人送京。班禅大师开始奉旨着手筹划雕刻佛像一事。由于天花瘟疫没有得到有效的控制，六世班禅一直驻锡在噶丹德钦饶杰寺，直至1774年十一月十七日才回到札什伦布寺。

由于当时科学不发达，医疗条件差，这次天花瘟疫竟肆虐了数年之久。六世班禅大师最终也是染上天花而圆寂的。

1774年（乾隆三十九年）三月十七日，喀尔喀蒙古派人前来报丧：哲布尊丹巴活佛圆寂，向六世班禅赠送

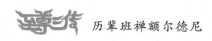

厚礼,禀问灵童转世事宜。班禅大师接受了礼物,热情接待了喀尔喀客人。

1776年(乾隆四十一年,藏历火猴年)十一月,六世班禅收到八世达赖喇嘛、摄政第穆呼图克图和噶厦政府联合呈献的邀请信,提出在来年的佛祖诞辰日给达赖喇嘛强白嘉措传授灌顶随许法,为其授比丘戒之事。班禅回信同意邀请,将于来年的二月赴拉萨。

是年五月份,喀尔喀蒙古的哲布尊丹巴活佛的丧使绛边多杰诺门汗及僧俗官员慰问团前来拜会六世班禅,再次请求寻访哲布尊丹巴活佛的转世灵童。六世班禅请来了拉莫护法神师。五月二十三日,拉莫护法神师在札什伦布寺日光殿上做法降神,预言说:"达赖喇嘛的哥哥索朗扎西之子生于羊年(指1775年),一定就是哲布尊丹巴的转世灵童"。于是就此认定了哲布尊丹巴活佛的转世灵童,并经驿站向两位驻藏大臣奏报此事。

1777年(乾隆四十二年)的二月初一日,六世班禅收到八世达赖喇嘛、驻藏大臣留保柱、噶厦政府的信,通知说摄政第穆呼图克图于正月二十二日圆寂,请班禅诵经超度。班禅立即派知宾洛桑根敦前往拉萨吊唁。第穆呼图克图去世后,乾隆皇帝认为继任摄政问题事关重大,思考再三,最后任命当时担任雍和宫堪布的策墨林一世活佛为新摄政。

二月初六,噶厦政府特派知宾夏鲁堪布、孜本加郭哇、哲蚌寺堪苏等人前来迎请六世班禅。次日,六世班禅从札什伦布寺出发,二月二十日抵达拉萨,在布达拉宫的日光殿与八世达赖喇嘛强白嘉措见了面。噶厦政府在大经堂举行盛大宴会,为六世班禅洗尘,驻藏大臣留保柱、恒瑞也参加了宴会。

四月十五日是佛祖诞辰日,是八世达赖喇嘛强白嘉措受沙弥戒的日子,赤钦诺门汗陪同达赖和班禅,同赴大昭寺,在释迦牟尼佛像前举行授戒仪式。由六世班禅大师作主持,八世达赖的经师阿旺曲扎任羯摩师,六世班禅的经师洛桑群培任教授师,赤钦洛桑丹巴任司时。授戒完毕,八世达赖喇嘛向六世班禅献了曼荼罗等礼物谢恩,六世班禅回赠以银曼荼罗等表示祝贺。摄政、驻藏大臣、众噶伦、三大寺的代表等人一一向达赖和班禅献礼祝贺。六世班禅将给八世达赖喇嘛授比丘戒的经过,写成奏摺,请驻藏大臣转呈皇上。

六世班禅在布达拉宫住了一年,为八世达赖喇嘛传授了《菩提道次第释论》、《吉祥集密文殊金刚大灌顶》、《胜乐轮转六灌顶》、《密宗道次第广论》等数部显密经典。同时,亦在三大寺显宗、密宗各学院讲经授法。1778年(乾隆四十三年,藏历土狗年)二月二十四日,六世班禅大师辞别八世达赖喇嘛,从布达拉宫启程前往后藏。摄政、驻藏大臣留保柱、恒瑞、众噶伦等汉藏官员及僧俗群众等百余人送行。沿途受到各寺僧人、各宗宗本、各庄园头人、百姓的盛情迎送。六世班禅大师一路上讲经说法,摩顶赏赐,于三月十二日回到札什伦布寺。

1778年(乾隆四十三年)二月,经六世班禅大师提议,由摄政策墨林活佛阿旺楚臣担任甘丹池巴;卸任甘丹池巴阿旺曲扎任八世达赖喇嘛的经师;同时经驻藏大臣转奏皇上允许策墨林活佛阿旺楚臣担任甘丹池巴期间为达赖喇嘛传授经典。当年八月,乾隆皇帝降旨,批准任命卸任甘丹池巴阿旺曲扎任八世达赖喇嘛的经师,同意策墨林活佛阿旺楚臣担任甘丹池巴期间亦可作达赖喇嘛经师。策墨林活佛一身三任:西藏的摄政、达赖喇嘛经师、甘丹池巴。可见乾隆皇帝对六世班禅意见的重视,对策墨林活佛阿旺楚臣的器重。

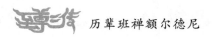

五、六世班禅顾全大局，波格尔无功而返

　　1600年，英国东印度公司成立。它得到英国伊丽莎白女王的特许状，有垄断好望角以东各国的贸易权。最初在马来群岛一带进行贸易，以后在印度建立据点，逐渐扩展势力，进而把印度变为英国的殖民地。1689年，东印度公司董事会决定在印度增加税收、扩大贸易、保持武力、建立国家，由英国政府派一名总督管理印度各邦。从此，东印度公司不再是一个单纯的贸易公司，而是一个拥有武装的政权机构。自从东印度公司成立以来，英国一直设法通过东印度公司打开中国的贸易市场，将中国变为英国工业的市场及原料基地。但由于清政府实行闭关锁国政策，很难从沿海打通中国的商路。因此，越过喜玛拉雅山脉从我国西藏地方开辟一条直达内地的通道，就成了东印度公司长期谋划的侵略步骤。

　　1774年（乾隆三十九年，藏历木马年），不丹与印度孟加拉平原的库奇·比哈尔邦发生边境武装冲突，东印度公司以援助邻居为名，出兵侵占了不丹境内的两个地区。不丹国王自1737年接受乾隆皇帝"额尔德巴第"封号后，一直向清朝皇帝纳贡称臣，是中国西藏的藩属。不丹国王派人到札什伦布寺，请求六世班禅出面调解。由于不丹国王与前世班禅额尔德尼是好友，且在此之前，不丹与西藏发生冲突时，达赖与不丹法王均请四世班禅和五世班禅出面调解，有此先例，六世班禅同意了不丹国王的请求，写了一封措辞委婉，但隐含恫吓之意的信给英印当局，实际是写给了英国派驻印度的总督哈斯汀士。信中申明不丹同中国西藏的特殊关系，要求其停止军事行动，并愿为双方调解；如果英印当局一意孤行，势必激怒达赖喇嘛和清政府，我方也会全力以赴与之对抗。哈斯汀士接到班禅的信后，认为有机可乘，接受了班禅的调停，一边停止了对不丹的军事进攻，同不丹言和，以缓和紧张空气，一边利用班禅来信的机会，派亲信波格尔于1774年5月中旬自印度加尔格达启程，于同年11月份抵达札什伦布寺。对于波格尔入藏，六世班禅开始并未同意，在给哈斯汀士的回信中指出：西藏是中国领土，中国大皇帝禁止外国人入藏，札什伦布寺距离北京遥远，一时难以得到皇上的批准，要求波格尔等人返回加尔格达。但由于种种原因，最后准许了波格尔进藏。波格尔时年28岁，他是第一个进藏的英国人。

波格尔入藏主要有三个使命：一是想通过六世班禅的介绍，前往拉萨与八世达赖喇嘛、摄政第穆呼图克图和噶厦政府谈判，讨论孟加拉与西藏通商，进行民间贸易的问题；二是试探在拉萨设立一个常设性机构的可能性；三是了解西藏情况，请求六世班禅发给以后进入西藏人员的通行证。

波格尔到达日喀则后，六世班禅接见了他，以熟练的印度语与之交谈。波格尔后来描述六世班禅：年近四十，性格豁达坦率而又慷慨豪爽，外貌愉悦和善；谈话时令人愉快，言谈幽默、妙语联珠。波格尔极力奉承六世班禅额尔德尼，把班禅抬高到一个国家领导人的地位，想诱使六世班禅额尔德尼同英国东印度公司建立某种关系。对此，六世班禅明确地表示，他不是什么国家元首，西藏也不是一个独立的国家，而是在中国大皇帝统治下的一个地方。八世达赖喇嘛尚未成年，代行达赖职权的是摄政第穆呼图克图，而非班禅，至于他本人只不过是一个视和平事业为己任的僧人而已。

一计不成，波格尔又施一计。当时尼泊尔境内廓尔喀王朝崛起，正与哲孟雄（即锡金，在清朝时称为哲孟雄）争夺土地，又因英国干涉其内政，廓尔喀不允许英国人员和货物入境。波格尔趁机大做文章，说廓尔喀王野心勃勃，绝非一个哲孟雄所能满足，最好的办法是西藏同孟加拉结成联盟，相互间自由通商，使廓尔喀不敢侵犯西藏地方。六世班禅告诉他，我国已经派兵前去保护哲孟雄，争端不久就会平息，不需要外力帮助。至于与西藏自由通商，实际是英国人自由出入西藏的问题。六世班禅表示，如果使大量的金银流入孟加拉，必定会惹怒中国大皇帝；按旧例，印度商人可到西藏的帕里经商，而藏族人到印度经商问题，班禅以"藏人畏暑"加以拒绝。关于波格尔要求到拉萨，并在拉萨设立常驻机构一事，遭到摄政第穆呼图克图的坚决拒绝，六世班禅也劝他不要去，终未能成行，这一愿望也落空了。

波格尔在日喀则活动了四个多月，一无所获，空手而归。向六世班禅辞行时又提出：总督哈斯汀士将会不时地派属下致函给班禅，问班禅是否同意。班禅答复说：希望暂时不要派英国人来送信，我宁愿请总督派一个印度人来。1775年3月，波格尔循原路返回印度。

然而，哈斯汀士并不死心，打算1779年再次派波格尔进藏，当时班禅大师正在准备进京为皇上祝寿。哈斯汀士便派遣托钵僧普南吉赴京，企图为波格尔弄张护照。由于六世班禅大师于1780年病逝，且波格尔也于翌年死于加尔格达，哈斯汀士的如意算盘再度成空。

六、六世班禅进京朝觐及圆寂北京

由于八世达赖喇嘛尚且年幼，不谙政治，且在顺治年间，五世达赖喇嘛已进京朝觐过，而班禅系统还从未到过北京。邀请年富力强、威望很高的六世班禅进京，不仅可以借朝觐稳定蒙藏地区局势，还可以扩大班禅的政治、宗教影响。六世班禅本人，也早有入京朝觐的愿望。在章嘉呼图克图若必多吉奉旨进藏寻访达赖喇嘛灵童时，六世班禅就曾对其提过：将来我也要去北京，届时我还要向您请教佛法。章嘉国师问：打算哪一年动身？班禅大师认为当时时机还不成熟，以后再说。

1778 年（乾隆四十三年）十二月底，六世班禅得知乾隆皇帝要举行七十大寿庆典的消息后，委托章嘉呼图克图若必多吉转奏皇上要求入觐祝寿。乾隆皇帝欣然同意，立即降旨安排班禅进京事宜：首先通知驻藏大臣留保柱和摄政策墨林活佛阿旺楚臣速去札什伦布寺将圣谕传达给六世班禅；命留保柱于乾隆四十五年（即1780 年）陪同六世班禅来京，以便沿途加以照料；届时派高僧大德、王公大臣等前去迎接；至于班禅大师何时启程、经哪一条路线、使用什么交通工具等，由摄政阿旺楚臣和驻藏大臣留保柱商议后妥善办理。并叮嘱：务必使班禅额尔德尼平安抵达京师。

1779 年（乾隆四十四年）正月，六世班禅接到了同意其进京朝觐的圣旨。二月初九日，摄政策墨林活佛、驻藏大臣留保柱、噶伦公班第达来到札什伦布寺，向班禅大师献礼祝贺，共同讨论入觐路线、起程日期，准备在六月从札什伦布寺动身，当年十月抵达青海塔尔寺，在塔尔寺过冬。来年三月再由塔尔寺出发，经宁夏、绥远、察哈尔，七月到达承德避暑山庄。并打算在 1781 年返回札什伦布寺，来去共用三年时间。而后，班禅大师立即进行长途旅行的准备工作。五月初八日，接替留保柱的驻藏大臣索琳抵达札什伦布寺，向班禅大师转交了御赐的上等哈达、绸缎多匹、精制水晶和景泰蓝器皿数件、金制鼻烟壶等礼品。并告诉班禅大师,乾隆皇帝为了能在见面时与班禅额尔德尼交流顺利,正在学习藏语。六世班禅非常感激,上书说:"今奏请赴京恭谒圣颜,实系小僧之诚心。仰蒙圣主睿鉴加恩,远道派来大臣,赏赉奇珍,由大臣亲自转赐鼻烟壶,并问小僧好。又蒙格外颁旨数道,小僧委实感激不尽,但望从速启程,早日抵达热河(即承德),朝圣请安"。

据藏文史料记载:为使进京顺利,班禅大师广做法事,在六月初五日的法会上,大师对僧众说:我将于牛年经白朗返回。

与此同时,乾隆皇帝对六世班禅入觐一事极为重视。下令多方着手,进行大量周密细致的准备工作。首要之事便是为六世班禅准备居住和讲经的地方,以及会晤的地点。1778年十二月初六,乾隆帝下达谕旨,命在热河度地建庙,以供班禅驻锡。于是承德开始大兴土木,用了一年多,一座仿照后藏札什伦布寺修建的规模宏大的庙宇,热河札什伦布寺建成了,汉名为须弥福寿之庙。

乾隆皇帝考虑得非常周到、细微,在班禅确定起程日期之前,乾隆帝先后发出六道谕旨,甚至连班禅"身子尚生"(没出过麻疹),宜经青海进京,都作了谕示。并征询章嘉呼图克图意见,确定派皇六子永瑢出京到岱海迎接。在备办赏赐班禅和供班禅使用的所有器物制造过程,每一个环节,都由内务府官员请示乾隆皇帝,而乾隆帝也不厌其烦地一一传旨答复。又考虑到班禅离藏后,班禅属地的僧俗事务无人总理,乾隆皇帝特命军机大臣:寄信给留保柱等,待班禅起程后,凡札什伦布所属地方僧俗事务,均由达赖喇嘛和摄政策墨林活佛阿旺楚臣代为管理。

另外,为达到"敬一人而千人悦"的效果,乾隆皇帝巧妙安排内外蒙古各部落首领、新疆各少数民族首领，以及从俄罗斯归来的吐尔扈特部首领，与班禅同时入觐。青海、蒙古等地的上层人物也纷纷要求与班禅一道进京，乾隆帝考虑到人数过多，避暑山庄难以承受，降旨只准贝勒以上爵位的人前来承德。

1779 年（乾隆四十四年，藏历土猪年）六月十七日，六世班禅供祭四世班禅灵塔后，携带着路途所需的器物踏上进京旅程。随行人员有六世班禅之兄仲巴呼图克图大强佐洛桑金巴、司膳师杰仲洛桑坚参、司钥杰仲洛桑格勒、拉莫护法神师等四十名出身于名门贵族的大小僧官。另有一千多人组成的送行马队，浩浩荡荡尾随左右，驾离札什伦布寺。后藏代本、日喀则宗本、日喀则地区各寺院喇嘛、执事、庄园管家、商贾、克什米尔人、尼泊尔人等纷纷到日喀则大桥送行。噶厦政府联络员达尔汗堪布、札萨台吉、达赖喇嘛的代表巴丹顿珠等人，负责在西藏境内的护送责任。一路上，六世班禅大师所过之地，都有迎来送往的队伍列队于道路两旁恭候。

乾隆皇帝对六世班禅的旅途生活和接待工作十分关怀。从札什伦布寺到北京，每一程都作了精心安排。在班禅从札什伦布寺出发的当天，乾隆谕示军机处："热河诸寺及京城雍和宫等大寺皆讽经一日，祝祷班禅额尔德尼路途平安"。命驻藏大臣留保柱率笔帖式及把总、委把总，带兵丁 30 名，陪护班禅北上。护送队伍于六月十五日从拉萨出发，六月二十六日在羊八井附近的雪布巴与班禅队伍会合。

六月二十七日，六世班禅到达羊八井的扎西通门地方，八世达赖喇嘛强白嘉措，摄政策墨林活佛阿旺楚臣，驻藏大臣恒瑞、索琳，全体噶伦，代本以及达赖喇嘛的母亲洛桑卓玛、哥哥索朗扎西及其子哲布尊丹巴活

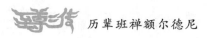

佛等早已在此迎候。噶厦政府在当地举办了盛大宴会，为班禅送行。六月二十九日，八世达赖喇嘛强白嘉措，驻藏大臣恒瑞、索琳，摄政策墨林活佛和六世班禅从羊八井启程，这日皇上圣旨传到，说青海贝勒及其随员、马队将在长江口迎候。达赖喇嘛等人一直把六世班禅送到达木八旗地方的扎西塘，走了八天的路程。途中，班禅还为达赖讲授了《弟子问语录》。

七月六日，班禅大师启程东去，达赖喇嘛，驻藏大臣恒瑞、索琳，摄政等人辞别班禅返回拉萨。噶厦特派噶伦多噶娃将班禅护送到青海境内的通天河。七月十三日，六世班禅抵达那曲，在这里停留了五天，准备驮畜等事。七月十八日，从那曲出发，一路上，前来朝拜、供献财物者络绎不绝，班禅大师广做佛事活动，为达官显贵、僧众、信徒摩顶、讲法。七月二十四日，班禅大师一行夜宿在唐古拉山顶附近的扎噶尔莫地方，与进京朝贡归来的札什伦布寺的洛桑丹巴格西相遇，洛桑丹巴格西带回乾隆帝给班禅的敕谕及所赐皇帝御像。谕旨说："班禅额尔德尼与朕会晤之地将御像呈献，等同朕迎接"。

七月二十八日，班禅一行来到唐古拉山西麓的伦珠布，在此休息了三天。皇上所派专差也随后赶到，向班禅大师呈献了皇帝的御像和圣旨。谕旨说："班禅额尔德尼贵体安康否？达赖喇嘛身体可好？达赖喇嘛习经进程如何？明岁班禅额尔德尼即来京入觐，朕以五世达赖入觐之例接待。现已谕令在热河度地建庙，明岁即建成，其庙无异于札什伦布寺。班禅额尔德尼因明岁始能抵京，故朕心实为焦灼。朕在加紧学练藏语，届时朕将派遣王公大臣往迎。既至与朕会晤，畅谈政教大事。朕因一睹班禅额尔德尼之慈容而获万千之福也"。充分表达了乾隆皇帝对班禅和达赖的关切，以及盼望与班禅相见的急切心情。

　　八月初一,班禅起程翻越唐古拉山,当地的蒙古百户长丹迥扎西、北京专差南色扎巴主仆在山下迎候。八月十七日,六世班禅一行抵达直果拉山南麓的长江口,进入青海境内,从这里开始,沿途供应就由西宁办事大臣负责。八月十八日,班禅大师一行到达通天河,噶伦多噶娃完成护送任务,辞别班禅返回拉萨。九月初九日,班禅一行渡过黄河,北京专差前来迎接。九月二十五日,驿差送来皇上谕旨:"班禅额尔德尼亲遣使者至京,朕心甚悦,祝尔旅途平安,绥行而来,待抵热河,朕与尔至诚会晤"。又嘱咐驻藏大臣留保柱,待班禅抵达塔尔寺后,由西宁办事大臣接替留保柱照料班禅,留保柱火速进京面奏皇帝。九月二十七日,班禅一行过了雪若拉山,青海蒙藏达官显贵、僧俗各界代表200余人前来迎接,其中有塔尔寺的却藏呼图克图、塔尔寺总管家等宗教领袖。

　　十月十二日,班禅大师越过日月山,陕甘总督勒尔谨、西宁道台、士兵等百余人,附近群众上千人前来迎候。十月十五日,六世班禅抵达塔尔寺。钦差大臣苏拉、万福、保泰等同时到达塔尔寺,转交了御赐礼物,并带来了皇上谕旨:希望班禅大师能够提前到达承德避暑山庄,参加乾隆皇帝七十寿典。十月十九日,班禅大师给乾隆皇帝写了奏摺:"我等从札什伦布寺启程,抵达塔尔寺期间,大皇帝多次派使臣赍敕谕礼物前来,我等感激万分。途中昼行夜宿,渐次而来。所需食物饮料、水果充足;骆驼、车辆、马匹、骡子、驮牛成百上千,平安抵达塔尔寺。现住胜似佛堂的宫殿里,每受敕书、稀世珍品,无限感激大皇帝。"同日,留保柱奉旨回京向乾隆皇帝汇报一路陪护班禅的情况。

　　六世班禅留在塔尔寺过冬,先后有内地汉人、青海

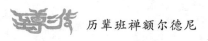

蒙古、喀尔喀蒙古、蒙古四十九旗、黄河两岸的安多藏人、寺院住持、经师、大小官员、千户长、百户长等云集在塔尔寺，请求班禅大师为他们摩顶授教，班禅大师一一满足了他们的愿望。十二月十三日，驻藏大臣留保柱自京城返回塔尔寺，带来了皇上谕旨及赏赐的貂袍、豹尾藏帽、黄蟒缎袍、缎匹等御寒衣物。

1780年（乾隆四十五年，藏历铁鼠年）三月初十，六世班禅及其随行人员从塔尔寺启程，由西安将军伍弥泰护送，踏上进京旅程。三月二十二日，已有300多随从人员出痘，其中就有班禅的哥哥仲巴呼图克图洛桑金巴和司膳师杰仲洛桑坚参，他们纷纷劝班禅按内地习俗，让出痘的随从人员提前去气候温和的阿拉善寺，在那里种牛痘疫苗治疗，同时防止再传染他人，班禅同意了他们的意见。两位随行大臣博清额和留保柱对班禅一行人自行决定种牛痘，提出了不同意见，要将此事禀报皇上，说："我等随行者皆为圣上所派，大小事情，应均须奏知圣上。今日大师所言甚为重要，我等于心不安。内地亦常种牛痘，但除十岁上下孩童外，老人从不种痘，种痘苗一般在树吐绿叶时出现。今为种痘先行，其中仲巴呼图克图年近五十，其他随从皆在二十以上，多数已达三十，按内地习惯至此年岁，则根本不种牛痘。大师认为不必奏知圣上，我等却不安。若以仲巴呼图克图为首的众随员出差错，圣上会降罪于我等，责问因何不把内地习俗告知班禅额尔德尼，故不能如此处置。"六世班禅执意为之，回答说："内地习俗中，种痘时间及年龄问题，如两位大臣所说，我亦晓知，于心不忍此事，我虔诚祈祷三宝（指佛、法、僧），病情有所好转，尤其因大皇帝关怀，料想不会出大差错。根据两位大臣所说，对以兄长大强佐为首的天花病人不给种痘，将此搁置起来。那么，若这些人身带病根，返回大藏区定会传染，使我藏区群众得此天花病而不得安宁。到那时，我等悔之不及矣！故此，我可担保，圣上不会降罪两位大臣"。博清额和留保柱只好同意。

三月二十三日，班禅一行穿过了毛乌素沙漠，进入阿拉善亲王领地，从此马、牛等路途所需一切均由阿拉善亲王负责。次日，班禅大师打发仲巴呼图克图大强佐洛桑金巴和司膳师等 300 多天花患者先行，到阿拉善丹结林寺去种牛痘，临行赐给每人一个护身结。

五月二十六日，班禅大师一行来到岱海，六皇子永瑢率百余名内务大臣、国师章嘉若必多吉及随从前来迎接。班禅大师跪地问皇帝好。六皇子赶紧握住班禅的手说："皇帝已有旨意，大师不必跪拜"。六世班禅上书皇帝，感谢在他驻锡塔尔寺期间与沿途所给予的关怀，以及特派六皇子和国师章嘉呼图克图前来迎接。次日，章嘉呼图克图告辞，赶往多伦诺尔先去做准备。六皇子留下与班禅大师同行，一路精心陪护。

六月二十一日，班禅的大队人马被章嘉呼图克图、当地的官员、各寺院喇嘛、随从、上千的马队、僧人仪仗队迎接到多伦诺尔七海寺附近的平滩下帐。乾隆皇帝派外孙丰绅吉伦和札萨喇嘛阿旺班觉呼图克图赍敕谕礼物前来，敕谕大意说：皇上已于五月二十七日平安抵达避暑山庄，须弥福寿之庙已经竣工；为方便班禅起居，乾隆帝常去视察，亲自指点备办寺内殿堂陈设。六世班禅在多伦诺尔歇息了八天，朝拜了多伦诺尔地区各寺庙，为僧人、信徒们讲经摩顶。六月二十九日，六世班禅从多伦诺尔动身，沿着克什克腾、翁牛特、喀喇沁前行，一路上，乾隆皇帝频频派人送来西瓜、甜瓜、李子、桃子等水果。

七月二十一日，班禅大师一行历经万里风尘，跋山涉水，终于来到热河。乾隆皇帝派内务府大臣爱蒲公、胡大兴、国师章嘉呼图克图、达察杰仲活佛、须弥福寿庙住持、札萨克喇嘛、领诵师等率数千僧俗官员在山下隆重迎接。内务大臣爱蒲公和胡大兴来到班禅大师轿前，班禅下轿，两位大臣献哈达，呈上皇帝敕书："朕即可与班禅额尔德尼会晤，朕甚欣悦。尔班禅额尔德尼一路身体可好？朕赐御用仪仗、毯子、伞、宝幢、旗帜、舆轿，班禅额尔德尼乘舆轿前来。"

六皇子请班禅乘坐乾隆皇帝所乘的御轿，班禅大师执意不肯，说："我乃一小喇嘛，托大皇帝宏福而来，万万不可乘御轿。"内务大臣劝道："大师不必心怯，圣上赐御舆，乃皇家内规，完全是为服侍好班禅额尔德尼，尊敬您大师。大师此前在呼和浩特所乘的舆轿，亦是御轿，与此轿毫无区别。"班禅大师这才上轿，到章嘉呼图克图住处小憩。随后，六皇子来请班禅，说皇帝正在澹泊敬诚殿等候与班禅额尔德尼会晤。大师非常高兴，从随员中选了50人陪同，前去大殿觐见皇上。来到皇帝寝宫前的一个小门旁，班禅大师下轿步行。宫殿内文武大臣列立两旁，见到皇上，班禅正要屈膝准备跪拜时，乾隆帝拉住大师的手，用藏语说："喇嘛不必跪拜"。乾隆皇帝又用藏语问道："喇嘛贵体可好？长途跋涉辛苦了吧？"班禅回答："文殊大皇帝不必担心，路长道远天气虽热，然清风凉爽，并未感到疲劳。"皇上听了很高兴，陪同班禅来到内宫，赐座面对面交谈。

七月二十二日，乾隆皇帝乘坐八抬大轿，亲率众臣，驾临须弥福寿庙来看望班禅大师。大师的随员跪拜道路两旁，班禅大师和六皇子、章嘉国师、大臣博清额和留保柱等排列在大门外的石阶上迎驾。皇帝一见到班禅大师，立即下轿，递给大师一条哈达，用藏语说："喇嘛身体好。"班禅大师回敬上等哈达，并给皇上请安。乾隆帝和班禅大师来到班禅寝室亲切交谈。

七月二十三日，六阿哥、八阿哥等五位皇子和七岁的公主来到须弥福寿庙拜望班禅大师。班禅大师为诸皇子和公主摩顶加持。公主到大师身前拜见时，呈上皇帝敕书一封，内说："公主一向虔信佛法，朕对她的疼爱与其兄弟毫无二致。可能是她前世慧根，对班禅额尔德尼虔信，很想拜会，今朕派她与阿哥等同去拜会班禅额尔德尼，您要对公主用心加持。"公主请求班禅大师为她取法名，班禅给她取名"索朗班吉卓玛"。

七月二十四日，乾隆皇帝举行盛大国宴，宴请六世班禅，章嘉呼图克图，随驾王公大臣，蒙古王、公、贝勒、额驸、台吉，回部阿奇木伯克贝子色提布阿尔第等十一人，杜尔伯特亲王策楞悟巴什，土尔扈特贝子沙拉扣肯，喀什噶尔四品噶咱纳伯克爱达尔之子乌鲁克等三人，木坪宣慰司坚木参囊康等四十四人。沿袭五世达赖入觐之例，派大臣伍弥泰征得六世班禅同意后，皇上亲笔圈定班禅的十五名随员入宴。

宴席间乾隆帝说："黄帽派教理广弘，满族内八大旗、外四十九部，蒙古喀尔喀七部、厄鲁特、托尔廓、准噶尔等部无不虔信。您若在须弥福寿之庙讲说经论，朕亦往听。"

八月初三，乾隆皇帝派福隆安、和珅赍御赐羊脂玉大印、玉册、金书、金铜木箧，来到须弥福寿庙，班禅大师率众随员跪地接旨。谕旨说："以朕七旬万寿之年，爰自后藏跋涉二万里，来臻上国。因于热河省建札什伦布，以资安禅。普天福寿，遍满吉祥，诚国家道洽重熙休和之盛事也。以尔道行纯全，法源广布，兹特加殊礼，赐之玉册玉宝，俾传宗乘，归镇法门，若逢国庆章奏用之，其余奏书文移，仍用原印。"福隆安、和珅将玉册玉宝交给班禅，大师欣然受之，并上书谢恩。

八月初六，由国师章嘉呼图克图转呈皇帝敕书一封，大意是：热河札什伦布寺是专为六世班禅修建的庙宇，按照后藏札什伦布寺的密乘仪轨做法，请班禅额尔德尼选任堪布、领诵师、掌堂师等僧官主持此庙。班禅大师尊旨，指派岗坚夏尔孜喇嘛洛桑顿珠为堪布、杰康扎仓喇嘛洛桑多吉为领诵师、散林扎仓格西洛桑扎西为掌堂师，另从随员中选出二十人常驻须弥福寿庙诵经。

八月初七，六世班禅率十五名执事、诵经喇嘛、领诵师等九名善辩格西及其他随员，在章嘉国师、大臣博清额和留保柱的陪同下，从须弥福寿庙出发，前往乾隆帝热河行宫为皇上祝寿。进宫后，乾隆帝和班禅大师互献哈达问好。皇上拉着班禅大师的手坐在宝座上。班禅先向乾隆皇帝唪长寿经，边诵经边随着所诵佛经的内容献上佛像、佛经、佛塔、曼荼罗、法轮、七政宝、八瑞相、八吉祥、宝瓶、靠坐垫和金刚。然后，班禅大师致祈祷辞，赞颂乾隆皇帝功德，并献上祝寿礼。乾隆皇帝非常高兴，回赏班禅金质观音菩萨像一尊、绣线释迦牟尼佛像一轴、葫芦把碗二件。各随员也都得到了丰厚的赏赐。宴会结束后，班禅回到须弥福寿庙，蒙古科尔沁贝勒、喀尔喀王公、大臣和珅、五台山札萨克喇嘛等王公大臣和上层僧侣等持厚礼前来拜谒班禅大师。

八月初八，班禅大师在热河布达拉宫（普陀宗乘庙）主持大祈愿法会，乾隆皇帝亲临法场，赏赐班禅一副由十六罗汉围绕的上等缎制如来佛画像。

八月十三日是乾隆皇帝的七十寿辰，班禅带领二十名侍从，由章嘉国师、驻藏大臣留保柱陪同再次去乾隆帝行宫为其祝寿。班禅献给皇上吉祥哈达、无量寿佛像、羊脂玉柄、珍珠念珠等寿礼，皇上愉快地接受了礼物，回赠给大师上等哈达、珍珠饰金柄等。班禅大师坐在宝座上，章嘉国师等大喇嘛及班禅大师的侍从排列三队坐在班禅座前，高诵四世班禅罗桑确吉坚参所著的《熏烟仪轨中论》、《怙主无量寿慧念诵仪轨》、《火祭法》等经，祝愿乾隆皇帝长寿。

八月十四日，应乾隆帝的邀请，班禅大师、六皇子、大臣博清额和留保柱等十五人来到皇宫外院园林中参加宴会。班禅在黄围帐中为各位大臣、太监摩顶，传授《大慈悲经》、《三时怙主陀罗尼经》、《白度母教诫》等经典。

黄昏，观看烟花火炬表演时，乾隆皇帝与班禅大师商讨了八世达赖喇嘛强白嘉措的册封问题。由于历史上曾出现过三位六世达赖喇嘛，强白嘉措的前世格桑嘉措在1720年被康熙皇帝册封为"第六世达赖喇嘛"，但藏蒙信徒并不认可，坚持认为1705年被废的仓央嘉措是六世达赖喇嘛，格桑嘉措是七世达赖喇嘛。如何册封强白嘉措，成了让乾隆皇帝进退维谷的难题。六世班禅的到来，无疑对解决这个问题起了推动作用。乾隆帝询问了强白嘉措的学经情况，又说："朕欲依先皇之例规，颁诏册封，今与尔喇嘛相商之后将颁之。"六世班禅盛赞强白嘉措，称其学经勤奋精进，雄辩无碍，身体强壮。并说："今年已二十三岁。今听文殊大皇帝明鉴，依册封达赖喇嘛之例与小僧我相商册封本世达赖喇嘛，我欣喜万分。这不仅对整个黄教，尤其有恩于西藏雪域之佛法众生。为报此恩德，我将率众僧唪经祝文殊大皇帝万寿无疆，谨祝不懈"。十几天后，九月初三日，乾隆帝将册封第八世达赖喇嘛强白嘉措的文稿请六世班禅过目。十月十日，乾隆帝下达了册封八世达赖喇嘛的谕旨，赐予八世达赖喇嘛金册、金印，还将管理西藏事宜的权力交给了八世达赖喇嘛。在一年以后的正式册文中，明确写了"特依前七辈达赖喇嘛之例，封尔为西天大善自在佛所领天下释教普通瓦赤喇怛喇达赖喇嘛"，

从而解决了在达赖喇嘛的辈次问题上朝廷与信徒之间的矛盾,赢得了藏蒙信徒的拥护。

祝寿活动结束后,八月二十五日,班禅大师在六皇子、大臣博清额和留保柱的陪同下,从须弥福寿庙启程,前往京城。九月初一,抵达北京城,驻锡在五世达赖喇嘛曾居住过的黄寺。在乾隆皇帝的细心安排下,六世班禅畅游了大前门、颐和园、昆明湖、万寿山,朝拜了雍和宫、白塔寺、玉皇寺以及专为六世班禅来京修建的藏式风格的香山宗镜大昭庙。进行了一系列的弘法授教等佛事活动。

十月二十四日,班禅大师开始感到面部发痒,属下随员看到大师面色发白,请求找医生为其看病。但班禅大师认为病情不会加重,没必要找医生。次日,司膳师找来医师为班禅把脉,医师把脉后说:"脉搏跳动正常,不存在病势加重的明显症状,不需要服药。"班禅大师也没有在意,当天还与六皇子和大臣博清额进行了长时间的热烈交谈,会见来访蒙古客人。

十月二十六日,班禅大师应邀到嵩祝寺讲经说法,在嵩祝寺僧人和章嘉国师等大喇嘛的簇拥下,参观了嵩祝寺右面和前面的佛殿。而后,班禅为一百多人讲授《度母经》、《尊胜母陀罗尼经》、《弥勒佛修念法》等佛教经典。举行完佛事活动,内务大臣爱蒲公邀请班禅大师参加宴会。宴会上,班禅感到反胃,不想吃饭。班禅属下随员很担心,章嘉国师看到班禅大师面色泛红,把脉后,发现脉搏跳动加快,认为是过度劳累,劝其多休息。班禅仍认为并无大碍,朝拜完嵩祝寺东寺弥勒大佛殿、护法殿等才回黄寺。司膳师请求班禅大师奏知皇上,班禅不肯。

十月二十七日,天气寒冷,六世班禅更加不思饮食,但仍然参加了为其安排的各种活动。大臣博清额和留保柱前来看望大师，班禅说："我无重病，不必担心"。医师号脉后对大师的侍从说："食欲不振，从神色上看不出病重症状，但确有病痛。"司膳师、大强佐等恳求大师保重身体，班禅笑答："会好的。"

十月二十八日，班禅大师连续呕吐，毫无食欲。医师号脉后说："与昨天一样。"司膳师考虑，以前三百多天花患者在阿拉善丹结林寺种牛痘时，病发时也是没有食欲，而且反胃呕吐，大师的病是否是天花？他又注意到班禅的手掌等处出现了红色斑块，问大师："是不是痘病？"班禅大师仍然不以为意。思量再三，司膳师请来了章嘉呼图克图为大师诊脉，国师说："从脉搏与面色上看不出什么。我要上奏皇帝，请宫中太医来诊治。"

乾隆皇帝特派皇太子传旨给大强佐和司膳师，说听说班禅额尔德尼身体欠安，要于次日来慰问班禅大师，但不能事先告诉班禅，以免班禅接驾，影响休息。

十月二十九日，天刚放亮，乾隆帝带着两名御医驾临黄寺，坐在大师身前的小椅上详细询问病情。又嘱咐六皇子、章嘉呼图克图、博清额和留保柱，要好好照顾班禅大师，保持周围环境安静。御医诊脉后说："从身上的红斑块看，象是痘病，但从脉象来看，病势没有加重。"班禅大师身边的侍从都非常担忧，班禅安慰他们："凡夫身病心亦病，智者身病心不病，这就是凡夫与智者的区别。现在我身体稍有些不舒服，心决不能病，我不会有事的。"

1780年（乾隆四十五年）十一月初二，六世班禅因毒火内攻，痘俱塌陷，救治不应，于戌时圆寂。大强佐和司膳师等众侍从放声大哭，涕泪交横。

十一月初三日凌晨，乾隆皇帝率众臣前来黄寺吊唁，一见班禅大师遗容，皇上悲呼："朕之喇嘛"，当场晕

厥，醒来后抚尸恸哭，又强忍悲痛向遗体敬献哈达、金棺、玉器等供品。

六世班禅遗体在黄寺停放了六天，供各亲王、贝勒、贝子、公、文武大臣、札萨克、京城各寺僧人等人士祭奠。同时，派人进藏向达赖喇嘛、摄政、拉莫护法神师、札什伦布寺两位经师报丧，请求达赖喇嘛诵经祈祷灵童早日转世。国师章嘉呼图克图撰写关于灵童转世及选认文书，通过驿站送往西藏。

十一月初三日，乾隆帝命造办处大臣福隆安给班禅额尔德尼制造金塔一座。因时间急促，福隆安上书皇上，请求暂时先造一个木龛，将班禅遗体供在木龛内，供人吊唁，待金塔造成，再将大师遗体请入塔内。十一月初八日，灵龛造成，乾隆帝派人将灵龛送到黄寺，灵龛以天然妙香木为主体，底座用三百五十两白银铸成，内铺有上等缎子。

十二月二十日，金塔造成。乾隆帝又造班禅额尔德尼金像六尊，一尊留在宫内供养，一尊供于布达拉宫，四尊供于札什伦布寺。

1781年（乾隆四十六年）二月二十三日，班禅灵榇从黄寺起程，乾隆帝亲扶灵柩迎请到大金塔中。由于灵柩重，皇上专派了六十名壮汉抬塔，一直送到札什伦布寺。六皇子、国师章嘉呼图克图、敏珠诺们罕等一千多人送行。理藩院尚书博清额、驻藏大臣留保柱、乾清门守卫伊噜勒图等护送班禅灵塔返藏，直到札什伦布寺。

五月六日，灵塔运抵西宁。六月十六日，行抵通天河，噶厦政府派噶伦托巴、孜仲格桑毛兰木等人在此迎候。八月初三日，在达木的桌子山附近，驻藏大臣恒瑞、噶伦多噶娃、热振诺们罕等前来致祭。八月二十一日，班禅灵塔送抵札什伦布寺，安置在新建的大银塔内，供奉札什伦布寺无量大殿上。

　　在北京，乾隆皇帝为了纪念六世班禅额尔德尼，于1784年（乾隆四十九年），在黄寺西侧，建立了一座班禅衣冠塔。筑有围墙，修建了庙门、大殿、僧房等，形成了一座规模完整的庙宇，取名为"清净化城塔"。乾隆帝亲作《清净化城塔记》，并将其刻在塔前左侧的石碑上。

　　六世班禅额尔德尼进京朝觐，是清代民族关系史中一次重要的历史事件，加强了西藏地方对中央政府的内向力，推进了汉藏民族文化的交流。

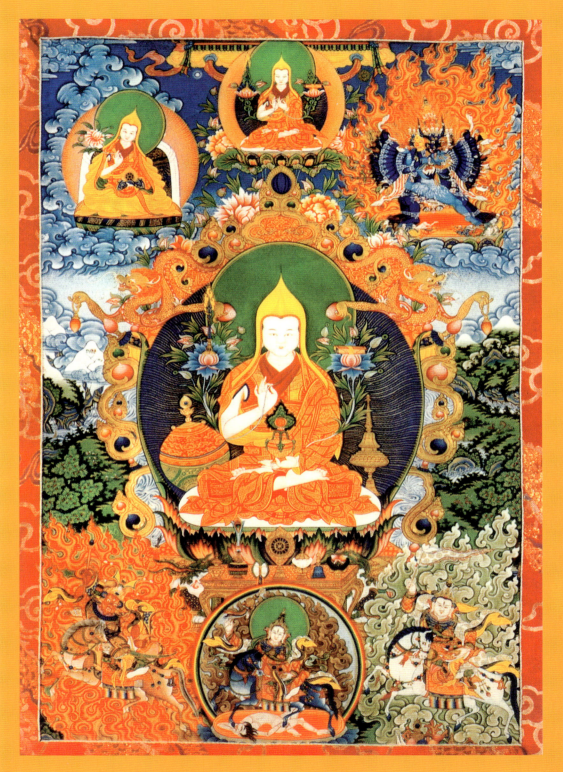

第七世班禅额尔德尼丹贝尼玛（公元 1782～1853 年）

七世班禅丹贝尼玛（公元 1782～1853 年），后藏白朗宗吉雄人。1844 年至 1845 年，代理摄政职务。72 岁时圆寂于札什伦布寺。

七世班禅额尔德尼丹贝尼玛

一、七世班禅的认定、坐床

七世班禅额尔德尼法名吉尊洛桑班丹丹贝尼玛贝桑布，简称丹贝尼玛。

1782 年（乾隆四十七年，藏历第十三饶迥水虎年）四月初八，丹贝尼玛出生在后藏白朗宗吉雄谿卡（今西藏日喀则地区白朗县境内）的一个贵族家庭，与八世达赖喇嘛属于同一家族，父亲班丹顿珠，母亲齐梅甲姆。

六世班禅圆寂后，札什伦布寺派人四处寻访灵童，共寻得灵童四名。经过札什伦布寺索本堪布、札萨克喇嘛等到四个灵童的家庭秘访，分别让四个灵童辨认六世班禅使用过的生活用品及常用法物，只有白朗宗的灵童准确无误地一一辨认出来，索本堪布由此断定他就是六世班禅的转世灵童。上报给朝廷后，乾隆皇帝谕旨暂且秘而不宣。于是，又请求拉莫护法神师降神，同时向八世达赖喇嘛汇报，请求指示。拉莫护法预言白朗宗的灵童便是六世班禅的转世灵童，据说与八世达赖喇嘛指示完全相同。

当年十一月初八，八世达赖喇嘛强白嘉措和札什伦布寺的仲巴呼图克图洛桑金巴和索本堪布等请驻藏大臣博清额上奏皇帝，请求批准。十二月二十日，乾隆皇帝降旨批准，并依惯例赐给达赖喇嘛、六世班禅的转世灵童、仲巴呼图克图和索本堪布等内库大哈达各一条、

玉如意各一柄、珊瑚念珠各一串,由驻藏大臣颁给。

1783 年(乾隆四十八年)八月初五,札什伦布寺僧俗官员前去白朗宗的吉雄谿卡,将六世班禅的转世灵童迎请到札什伦布寺南部的甘丹勒协曲林寺。三天后,灵童被扶上先世班禅额尔德尼的金刚宝座上。乾隆皇帝颁旨并赏赐景泰蓝瓷器、荷包等礼物以示祝贺,驻藏大臣、摄政、全体噶伦、各大贵族等也送来大批贺礼。蒙古王公、贝勒、贝子等也都派代表前来献礼祝贺。英印总督哈斯汀士见缝插针,派军官忒涅携贵重礼品前来晋谒。

1784 年(乾隆四十九年)初,驻藏大臣等奏请班禅额尔德尼转世灵童于六月初四在札什伦布寺举行坐床典礼,后又请旨将日期改在乾隆皇帝寿辰,八月十三日举行。乾隆帝非常高兴,于三月份派乾清门侍卫伊噜勒图和札萨克喇嘛郭莽呼图克图赍御赐给灵童的法衣、铃、杵、如意、念珠、绸缎、玻璃器皿等礼物前来后藏颁赏。并命博清额详细观察灵童在札什伦布寺的性情、举止情形等,密奏皇帝。

八月初八日,驻藏大臣、众噶伦、摄政等来到甘丹勒协曲林寺,迎请灵童前往札什伦布寺坐床。八月十一日,从甘丹勒协曲林寺启程,八月十三日到达札什伦布寺。由驻藏大臣博清额主持,在日光殿举行坐床大典,灵童登上无畏狮子宝座,钦差大臣伊噜勒图和札萨克喇嘛郭莽呼图克图奉旨看视班禅坐床,并颁赐厚礼。六皇子、章嘉国师等也都派代表前来祝贺,赠送大量珍贵礼物。八世达赖喇嘛派噶伦札萨克团色喜旺堆和昂仁堪布扎西嘉措向七世班禅额尔德尼敬献了上等哈达、曼荼罗、佛像等礼物。

八月二十一日,八世达赖喇嘛亲临札什伦布寺,与七世班禅在日光殿见面,互赠见面礼。七世班禅向八世达赖叩头，拜八世达赖为师，从而确立了新的师徒关系。九月初七，在札什伦布寺的益格曲增宫，八世达赖喇嘛为七世班禅剃发并取法名为"吉尊洛桑班丹丹贝尼玛贝桑布"，简称丹贝尼玛。而后，以达赖喇嘛为轨范师，经师班智达钦布益希坚参为司时师，给七世班禅授近事戒。

九月十二日开始，八世达赖为七世班禅传授佛学经典和佛事仪轨等。十月初一，八世达赖喇嘛辞行，三岁的七世班禅牵着达赖的衣襟，依依不舍地送别。达赖喇嘛取道江孜返回拉萨。七世班禅继续跟随经师班智达钦布益希坚参学习各种经文，小小年纪，便知尊敬经师，刻苦习经。

二、反击廓尔喀入侵及《钦定藏内善后章程二十九条》的颁布

廓尔喀王国本是尼泊尔西部山区的一个小国，人口稀少，土地贫瘠，但是其统治者中出现了一系列能干的政治家，对内发展生产，对外不断扩张。在公元十八世纪中叶，廓尔喀王国的统治范围，已扩展到与西藏交界的地方。

六世班禅进京朝觐过程中，沿途所得蒙藏头人和群众供献的财物、牛羊马匹不计其数，乾隆皇帝的赏赍丰厚无比，朝中王公大臣、蒙古王公、贝勒、贝子等的馈赠奉献和赇金不可胜数，均由六世班禅的哥哥大强佐仲巴呼图克图洛桑金巴运回后藏，但他除将少量牛羊马匹交给札什伦布寺外，其余珍贵财物全部窃为己有。六世班禅的弟弟、噶玛噶举派红帽系十世活佛沙玛尔巴因教派不同，没有分到六世班禅的遗产，遂怀不满，于1784年（乾隆四十九年），私自跑到尼泊尔加德满都，极

力怂恿廓尔喀王出兵西藏，抢劫札什伦布寺，以泄私愤。

此时的廓尔喀沙阿王朝，在兼并和征服了尼泊尔西部四十多个土邦王国和尼泊尔谷地三国后，人力资源比较充裕，开始挥师东向。在沙玛尔巴的怂恿下，以西藏边境官员私自增收廓尔喀商人课税和从西藏进口的盐中掺有沙子等事为由，于1788年（乾隆五十三年）七月，派兵两千余人入侵后藏，抢劫并攻占了济咙（今日喀则地区吉隆县）、聂拉木和宗喀三个宗，还威胁着噶尔宗。驻藏大臣庆林和八世达赖喇嘛向乾隆皇帝告急，请求速派大军入藏支援。乾隆帝派理藩院左侍郎巴忠"驰驿赴藏查办"，又派四川总督成德、成都将军鄂辉等人率满汉官军三千人入藏支援。

乾隆皇帝敕谕驻藏大臣庆林："若聂拉木、济咙、宗喀一有挫失，即先将班禅额尔德尼迁移前藏。"农历七月十四日，庆林带领随行官员前来札什伦布寺迎请七世班禅，但班禅的僧俗官员认为明年才能去拉萨从八世达赖喇嘛受沙弥戒，不肯前往。宗喀等地失守的消息传来，驻藏大臣庆林再次敦请七世班禅动身。七月二十八日，由庆林一路精心陪护，七世班禅从札什伦布寺出发，八月十一日抵达拉萨，与达赖喇嘛一块住在罗布林卡，随达赖习经，躲避战祸。

1789年（乾隆五十四年）正月，巴忠、成德和鄂辉等率清军抵达拉萨。廓尔喀派沙玛尔巴前来议和。巴忠采取草率了事的态度，和噶伦丹津班珠尔私自商议，秘密与廓尔喀贿和：廓尔喀退回侵占的聂拉木、济咙和宗喀三个宗，西藏方面每年给廓尔喀三百个元宝（合银一万五千两）作为地租，并立了一个字据给廓尔喀。八世达赖喇嘛认为贿和之事，必有反复，不同意与廓尔喀言和，应进剿廓尔喀军。而巴忠等人向乾隆皇帝谎奏："鄂辉、成德等已将宗喀、聂拉木、济咙等地次第收复。"

六月初四，在大昭寺的释迦牟尼佛像前，由八世达赖喇嘛担任亲教师，经师班智达钦布益希坚参为轨范师，甘丹池巴洛桑曼兰木担任司时师，为七世班禅授了沙弥戒。乾隆皇帝特颁赐厚礼以示祝贺。

八月，由于廓尔喀撤军，八世达赖喇嘛和七世班禅派人进京谢恩，廓尔喀派大小头人二十三人赍贡品与藏使一同前往京城纳贡。"反击"廓尔喀第一次侵略西藏，告一段落。

当年十二月，七世班禅的父亲病故，班禅不胜悲恸，祖父阿齐图前来拉萨陪伴抚慰。阿齐图代表班禅主持治丧事务，在前后藏各大寺院发放布施。八世达赖喇嘛为班禅的父亲做回向法事。1790 年（乾隆五十五年）正月初八，班禅的母亲齐梅甲姆削发为尼，由达赖喇嘛为其授沙弥戒。由于战事平息，七世班禅于二月下旬返回札什伦布寺。乾隆帝得知班禅的父亲去逝的消息后，特派驻藏大臣普福到札什伦布寺慰问，赏赐库银五百两做为赙礼。

七世班禅自幼天资聪慧，勤奋习经，五月初四，虚龄只有 9 岁的班禅登上札什伦布寺大经堂的黄金宝座，首次开始讲经说法。达赖喇嘛、噶厦政府、前后藏各地头人、显贵纷纷派代表前来祝贺献礼。

1791 年（乾隆五十六年），廓尔喀人来讨取每年赔偿的三百个元宝，噶伦丹津班珠尔未照前议给银。七月，廓尔喀第二次侵入西藏，占领聂拉木、济咙等地，八月，直扑札什伦布寺。驻藏大臣保泰想屈敌求和，放弃后藏，慌忙于八月十六日，将七世班禅移到拉萨。八月十九日，廓尔喀人逼近札什伦布寺，仲巴呼图克图洛桑金巴事先得到消息，携带贵重财物弃寺逃逸。札什伦布寺群龙无首，人心惶惶。事先与沙玛尔巴串通好了的济仲喇嘛罗卜藏丹巴与四位札仓堪布，为蛊惑人心，故意在吉祥天母像前打卦，占词为"不可于敌战"，于是札寺僧人纷纷逃散，札什伦布寺成为空寺。八月二十日，廓尔喀千余人毫无阻挡地占据了札什伦布寺，大肆抢掠，甚至将前几辈班禅龛塔上镶嵌的绿松石、珊瑚等也都抠下来抢走。继而进攻日喀则宗堡垒，都司徐南鹏率八十名官兵坚守，顽强抗敌，打死敌军头目一人，士兵十余人。廓尔喀兵久攻日喀则宗堡垒不下，转而向拉萨挺进，举藏皆惊。

八月，廓尔喀人再次侵入西藏的消息传到北京，巴忠恰好随乾隆皇帝在承德避暑山庄，知道贿和之事败露，自知罪重，夜间投湖自尽。乾隆帝下诏："若其身尚在，必当正法，今已幸免刑诛，伊子蒙古奏事处三等侍卫僧额布，著降为蓝翎侍卫，在大门上行走，以示惩儆。"

廓尔喀军的大举侵藏，长驱直入，使驻藏大臣保泰和雅满泰惊惶失措，向乾隆皇帝提出将八世达赖和七世班禅移往泰宁或西宁。乾隆帝大怒："保泰和雅满泰二人不料其丧心病狂一至于此，竟是无用之物，督乱已甚，幸而达赖喇嘛坚意不从，倘误听保泰之言，竟弃布达拉而去，尚复成何事体？""欲将达赖喇嘛、班禅额尔德尼移于泰宁、西宁，是何诚心？""保泰之意，不过以为将达赖喇嘛、班禅额尔德尼移于泰宁或西宁居住后，伊便可脱然归家坐享安逸。"下令将保泰革职治罪，将借打卦煽动众僧不抵抗的济仲喇嘛罗卜藏丹巴"剥黄正法"，其余四位参与打卦的堪布喇嘛解京治罪，同时命令四川总督成德、成都将军鄂辉，带川军4 000人由打箭炉（康定）进藏，进剿廓尔喀军。

九月初七，廓尔喀兵从札什伦布寺撤退，盘据在聂拉木、济咙等边境地带。

　　鄂辉、成德接到命令后，并不趱程前进，行动迟缓。十月，乾隆皇帝革去鄂辉、成德二人职务，降级使用。派名将嘉勇公福康安为大将军，超勇公海兰察为参赞大臣，带领能征善战的巴图鲁侍卫章京一百人，黑龙江的索伦、达斡尔兵一千名，由西宁经青海草原赴藏。同时命四川总督孙士毅负责调派征兵，筹运粮饷。

　　1792年（乾隆五十七年）二月二十五日，福康安与海兰察抵达拉萨，四月十九日，新任驻藏大臣和琳也到藏，开始与达赖喇嘛、班禅额尔德尼及众噶伦共同协商作战计划，由福康安与海兰察率兵歼敌，和琳负责督催粮运乌拉。五月，由福康安和海兰察亲率大军，七战七捷，先后收复了聂拉木、济咙、宗喀等地，入侵的廓尔喀人全部被驱逐出境。五月二十九日，和琳上奏皇帝，建议将七世班禅送回札什伦布寺，以安定后藏民心。

　　六月，福康安率大军攻入廓尔喀境内，廓尔喀王拉特纳·巴哈杜尔放回从前虏获的噶伦丹津班珠尔和汉藏被俘官兵，并送信给福康安，认罪乞和，福康安拒绝，继续进军。七月，清军深入廓尔喀境内七百余里，直捣廓尔喀首都阳布（今加德满都），在距阳布二十里的地方，廓尔喀王再次派大头人前来乞降，缴出从前所立"贿和"的字据，交出了畏罪自杀的沙玛尔巴的尸骨及妻子儿女和仆人，归还了劫掠去的札什伦布寺部分财物，其中包括乾隆皇帝册封六世班禅的金册，表示永不再犯边界，并许诺向大清国五年一朝贡。乾隆帝见冬时将至，清军远征喜玛拉雅南麓，一旦大雪封山，必断退路，多有不便，方准福康安受降。

　　九月，清军从廓尔喀境内撤回到济咙。乾隆帝对金册被廓匪抢走一事非常恼火，敕谕："尔等不能保守金册，本有应得重罪。今思班禅年幼，仲巴又已解京治罪，是以大皇帝加恩免其究治，仍将贼匪缴出金册，赏给班禅，俾在札什伦布寺安奉。嗣后尔等务宜加意保护，以冀永承恩宠，勿得再有疏虞"。

对于廓尔喀所进贡品，其中的五只驯象，乾隆皇帝赏给班禅和达赖各一只，目的在于"俾前后藏僧俗番众，常睹边方贡物，以著声威"。其余三只与其它贡品，则经由青海草原送往北京。

十月初九日，乾隆帝批准驻藏大臣和琳关于将七世班禅送回札什伦布寺的请示，七世班禅自布达拉宫启程，十月二十一日返回札什伦布寺。海兰察从前线返回，派人到日喀则郊外设灶迎接班禅。七世班禅在札什伦布寺日光殿上与海兰察相见，海兰察向班禅敬献了上等哈达、马蹄银四锭等礼品，班禅亦以哈达、佛像、薰香等礼品回赠。三天后，大将军福康安来到札什伦布寺，班禅为其接风。七世班禅举止有度，应对得体，给福康安留下了深刻的印象，在给乾隆帝的奏摺中说："臣等察看班禅额尔德尼，虽年甫十一龄，极有慧性，一切言语，并无他人在旁代述，而应对明敏，居然成人。"

福康安班师西藏后，按乾隆皇帝旨意，针对藏内事务积弊进行了整饬。

首先，严惩导致两次廓尔喀侵藏的罪魁祸首和严重失职的官员。

因沙玛尔巴的叛国行为，废除了噶玛噶举红帽系活佛转世，查抄了该教派的寺庙和财产，并强令其所属百余名红帽喇嘛改奉黄帽教法，分遣至拉萨三大寺。

对临阵脱逃的仲巴呼图克图洛桑金巴，乾隆帝敕谕："以其罪本应正法，姑念伊系前辈班禅额尔德尼之兄，仅令送至京师安插庙宇闲住。仲巴呼图克图应自知获罪甚重，遵旨赴京；若不知感激，稍有迟难，则是伊自干罪谴，决不再为宽贷。"

对于严重失职的驻藏大臣保泰、雅满泰、鄂辉、普福和庆林给以革职并枷号示众的处罚。保泰尤为罪大，"糊涂不堪，竟欲将全藏予贼"，枷号示众后，发配到黑龙江交给黑龙江将军委以苦差，效力赎罪。

对于擅权私和的噶伦丹津班珠尔，革去札萨克台吉职衔，不准其子孙承袭，将其所有财产查明，没收归公，作为新设藏军的经费。

其次，为使西藏长治久安，针对西藏地方各项制度一向废弛，弊病丛生，乾隆帝令大将军福康安、四川总督孙士毅、驻藏大臣和琳、惠龄四人，会同达赖、班禅的僧俗要员，商议并制定出《钦定藏内善后章程二十九条》。

《钦定藏内善后章程二十九条》主要就政治、宗教、边界防御、对外交涉、财政贸易等五个方面作了详细规定。

在政治上，明确规定了驻藏大臣的职权范围。驻藏大臣督办藏内事务，应与达赖喇嘛、班禅额尔德尼平等，共同协商处理政事，所有噶伦以下的首脑及办事人员以至活佛，皆是隶属关系，无论大小都得服从驻藏大臣。札什伦布寺的一切事务在班禅额尔德尼年幼时，由索本堪布负责处理，但为求得公平合理，应将一切特殊事务，事先呈报驻藏大臣，以便驻藏大臣出巡到该地时加以处理。并明文规定达赖喇嘛和班禅额尔德尼的族属一概不准参与政事。

宗教方面，针对活佛转世上的弊端，立下了金瓶掣签制度。具体作法是：今后遇到寻认灵童时，邀集四大护法将灵童的名字及出生年月，用满、汉、藏三种文字写于签牌上，放进瓶内，选派真正有学问之活佛，祈祷七日，然后由各呼图克图和驻藏大臣在大昭寺释迦牟尼像前正式认定。假若找到的灵童仅只一名，亦须将一个有灵童名字的签牌，和一个没有名字的签牌，共同放置瓶内，假若抽出没有名字的签牌，就不能认定已寻得的灵童，而要另外寻找。达赖和班禅额尔德尼像父子一样，认定他们的灵童时，亦须将他们的名字用满、汉、藏三种文字写在签牌上，同样进行。

在边界防御方面，西藏常备军分为清政府所派的绿营军和藏军两种。绿营军驻前后藏定日、江孜各处，有六百四十六名；驻打箭炉至前藏一带粮台兵七百八十二名。藏军共设三千名，前后藏各一千名，定日、江孜各五百名。

有关西藏对外交涉事宜，统归驻藏大臣全权处理。噶伦不得与外人私通信件。

经济上，西藏财政上的一切出纳，统归驻藏大臣稽核，以杜绝西藏地方官员的侵渔舞弊行为；对于廓尔喀、克什米尔商人，规定了贸易次数、经过路线，由驻藏大臣发给执照；在西藏开始铸造银钱，规定了钱币的重量及与银两的兑换比率。

1793 年（乾隆五十八年）正月，乾隆皇帝批准了《藏内善后章程二十九条》，正式在藏颁行。当年五月，驻藏大臣和琳特持皇上圣谕来到札什伦布寺，七世班禅表示将"至诚奉行"。

廓尔喀两次侵藏，使西藏，尤其是后藏损失惨重，札什伦布寺遭到重大破坏，边境地带的定日、聂拉木、济咙、和宗喀等宗，许多民屋被毁，百姓惨遭贼匪蹂躏，财产粮食等被抢劫一空。1795 年（乾隆六十年），乾隆皇帝拨款四万两白银，三万两给达赖喇嘛、一万两给班禅额尔德尼，用于抚恤百姓、修理倒坏房屋、救济贫弱、发展生产，并免去前藏百姓一年、后藏百姓半年的赋税、乌拉差役。七世班禅年纪虽小，却知爱惜百姓，积极配合中央政府，赈济灾民，宽免属下百姓赋税及乌拉差役，医治战争创伤、安定社会秩序、恢复发展生产。

三、抗击森巴入侵

七世班禅额尔德尼的一生，历经乾隆、嘉庆、道光和咸丰四朝，正是清王朝从强盛走向衰落，国势日趋衰微的时期。而欧美资本主义的发展却非常迅猛，开始把侵略矛头指向中国。东部，英帝国主义欲以坚船利炮从沿海撬开中国门户；西部，先后控制了西藏的属地廓尔喀、拉达克、锡金、不丹等地，并把黑手伸向西藏。

1841 年(道光二十一年)，英国唆使道格拉(森巴)统治者向我国西藏阿里地区发动了一场侵略战争，以配合其在中国东南沿海发动的鸦片战争，妄图东西夹击，打开中国门户。这场战争，史称森巴战争。

"森巴"是西藏人对印度锡克族的属部之一道格拉族的称谓。19 世纪前期，森巴统治了克什米尔地区并成为英帝国主义的帮凶。1841 年，森巴人派倭色尔率领由森巴人、拉达克人和巴尔蒂斯坦人组成的联军共 7 000多人，以朝拜神山圣湖为名，分三路侵入阿里地区。上路由倭色尔带领沿班公湖东进，目标是占领日土宗，以防御从新疆阿克赛钦南下的清朝援军。驻守在日土宗的 250 余名藏兵仓促应战，但因寡不敌众而失败。中路侵略军沿狮泉河谷前进，一路攻克了扎西岗、噶尔雅沙等地，然后向阿里重镇噶尔昆沙推进。下路侵略军溯象泉河而上，占领了乍布朗和托林等地。森巴人所到之处，烧杀抢掠，无恶不作。清廷和西藏地方政府毫无准备，屡遭败绩。但西藏人民全体动员，踊跃投入了反侵略的战争。

在驻藏大臣孟保和海朴的督促下，西藏地方政府派出藏军 3 000 余名，开赴阿里战场。七世班禅积极动员札什伦布寺所属的百姓运送军火、粮草，捐资援助藏军银两。藏军首先封锁了阿里与后藏之间的马攸木山口，以堵截敌人，不使东窜。到 1841 年（道光二十一年）十二月，藏军展开全面反攻。在一次大风雪中，藏军在玛旁雍措湖的多玉设下埋伏，与侵略者奋战三天，击毙侵略军主将倭色尔，一举全歼敌军主力，给侵略者一次有力的打击。藏军乘胜追击，收复失地，曾一度深入到拉达克境内。但终因战线过长，供应不支而被克什米尔方面的援军击退。双方停战言和，恢复了原来的边界。森巴战争历时近两年，最后以西藏地方军民的胜利而告终，它在中国近代史上具有重要的历史意义。森巴战争的胜利密切配合了当时东南沿海人民的反帝斗争，保卫了祖国领土的完整和统一，保证了西藏人民安居乐业。

因七世班禅在森巴战争中，出人出力，捐钱捐粮，功勋卓著，1842 年，道光帝特下诏给班禅额尔德尼赏加"宣化绥疆"四字封号。

四、与八世、九世、十世、十一世达赖喇嘛的关系

七世班禅一生与四位达赖喇嘛建立了师徒关系，是八世达赖的徒弟，是九世、十世和十一世达赖的师傅，这在藏传佛教史上可谓绝无仅有。

1796 年（嘉庆元年）正月，乾隆皇帝将皇位禅让给第十五子顒琰，即嘉庆帝，七世班禅与八世达赖派巴耶堪布进京祝贺乾隆帝在位六十年大庆和嘉庆继位。

1801 年（嘉庆六年），七世班禅已 20 虚岁，到了该受比丘戒的年龄。三月十五日，班禅从札什伦布寺出发，三月二十八日抵达拉萨，径赴布达拉宫，与八世达赖喇嘛在日光殿相见。四月十五日，是释迦牟尼佛的诞辰日，七世班禅与八世达赖同往大昭寺，在释迦牟尼佛

像前，由达赖喇嘛担任亲教师、班禅的经师洛桑丹增任
羯摩师、甘丹寺绛则曲杰土登嘉措担任屏教师、阿旺扎
西担任司时、南杰扎仓的洛本噶桑顿珠担任传钵师为
七世班禅授了比丘戒。此后，七世班禅又在布达拉宫住
了一个多月，每日闻听达赖喇嘛讲授《菩提道次第广
论》。五月十七日，七世班禅向八世达赖辞行，六月初一
回到札什伦布寺。

　　1804 年（嘉庆九年）八月，传来八世达赖喇嘛身患
沉疴的消息，七世班禅命札什伦布寺全体僧人诵经，祈
祷达赖早日康复，并派人携礼品前去拉萨慰问。八月十
八日，达赖喇嘛病情恶化，于布达拉宫圆寂，终年 47
岁。摄政派专人来札什伦布寺报告，并请七世班禅写祈
祷文告，祈祷达赖早日转世。班禅闻讯极其悲恸，立即
写了祈祷文，派人送到拉萨，命人在三大寺熬茶、发放
布施。

　　1805 年（嘉庆十年）春，七世班禅向新建八世达赖
喇嘛金质灵塔捐献了三百六十两黄金及珠宝等物。当
年九月，四世章嘉呼图克图来到札什伦布寺，奉旨与班
禅商议寻访八世达赖的转世灵童事宜。

　　1807 年（嘉庆十二年）三月，由噶厦政府和三大寺
派出寻访八世达赖喇嘛转世灵童的僧俗官员，在西康
邓柯地方找到一个灵童，生于 1805 年（嘉庆十年）十二
月初一，是当地春科土司的儿子。摄政济咙呼图克图致
函七世班禅前来拉萨确认八世达赖喇嘛的转世灵童。
于是，七世班禅于十一月十一日从札什伦布寺动身，于
月底抵达拉萨。

　　十二月下旬，七世班禅与摄政济咙呼图克图、三大
寺的代表、四大噶伦拜谒乾隆皇帝画像后，一致恳请驻
藏大臣玉宁上奏皇帝，请求嘉庆皇帝免予金瓶掣签。玉
宁遂向皇帝上奏，声称经过种种征验，春科土司之子

"实系第五辈达赖喇嘛复出无疑",所以请求"俯允所请,免其入瓶掣定"。得到了嘉庆皇帝的批准,但嘉庆帝强调"嗣后自应仍照旧章,不得援以为例。倘因稍有端倪即附会妄指,一经查明,必当治以虚捏之罪。并著驻藏大臣将此旨敬谨存记,一体钦遵办理。"

1808年(嘉庆十三年)二月十四日,七世班禅来到八世达赖喇嘛转世灵童的临时住所蔡贡塘寺,为灵童剃发,取法名为"洛桑丹白觉乃阿旺隆朵嘉措",简称隆朵嘉措。因为筹备九世达赖喇嘛的坐床典礼尚需时日,七世班禅于四月二十八日返回札什伦布寺。

九月,九世达赖喇嘛隆朵嘉措在布达拉宫举行坐床典礼,嘉庆皇帝派御前行走喀喇沁都楞郡王、多罗额附满珠巴咱尔,同御前侍卫副都统庆惠,乾清门侍卫副都统隆福,噶勒丹锡呼呼图克图赴藏看视坐床,并颁赐敕书、赏赐丰厚礼品及白银一万两。七世班禅没有参加九世达赖喇嘛的坐床典礼,只是派其兄才旺和仲尼热布登为代表,向九世达赖喇嘛敬献礼品,表示祝贺。

1813年(嘉庆十八年)九月,九世达赖喇嘛已届9岁,到了受沙弥戒的年龄。噶厦政府派卓尼仲夏吉仲和噶仲噶雪巴前来札什伦布寺迎请七世班禅到拉萨为达赖授戒。班禅于九月初三从札寺启程,九月十七日抵达拉萨,在大昭寺与九世达赖喇嘛亲切会晤。九月二十二日,在大昭寺的释迦牟尼佛像前,由七世班禅担任亲教师,甘丹池巴阿旺年扎为轨范师,夏尔巴曲杰绛曲群培担任司时,为九世达赖喇嘛授了沙弥戒。十一月十二日,七世班禅在拉萨启程回返,于次年的三月二十九日回到札什伦布寺。

1815年(嘉庆二十年)二月十六日,年仅11岁的九世达赖喇嘛在布达拉宫圆寂,噶厦政府派专人来札什伦布寺向七世班禅报告,请求撰写祈祷文告,祈祷达赖喇嘛早日转世。七世班禅当即写了祈祷文,让报丧专使带回,同时命札什伦布寺全体僧人为九世达赖诵经祈祷。

三月,嘉庆帝赏银五千两,办理九世达赖丧事。同时任命第穆呼图克图为摄政,暂理达赖喇嘛事务。

六月,七世班禅派德琼巴前去拉萨,送去金银珠宝等大量珍贵礼物,用于建造九世达赖灵塔。

九世达赖喇嘛圆寂后,噶厦政府、三大寺等四处寻访灵童。1817 年(嘉庆二十二年),摄政第穆呼图克图致函七世班禅,称在理塘地方发现一个幼童,生于 1816 年,颇有灵异的迹象,但也不乏可疑之处,请求七世班禅给予指示。班禅行事谨慎,回信说,应该根据护法神师的预示,与驻藏大臣详细研究为宜。

1819 年(嘉庆二十四年),噶厦政府和三大寺通过驻藏大臣玉麟上奏皇帝,请求批准在理塘地方找到的儿童为九世达赖的转世灵童,并免于金瓶掣签。受到了嘉庆皇帝的严厉斥责,敕谕军机处:"玉麟等奏藏中僧俗人等求定达赖喇嘛呼毕勒罕一折。甚属非是。从前各处呈报呼毕勒罕出世,每多附会,争端渐起,弊窦丛生。皇考高宗纯皇帝(指乾隆皇帝)洞烛其情,设金奔巴瓶缄名掣定之制,睿莫深远,自当万世遵行。今里塘所报幼孩,其所述灵异何足征信?若遽听其言,与从前指定一人者何异?玉麟等不严行驳饬,实为错误,著传旨申饬。此次里塘幼孩,即作为入瓶签掣之一。俟续有报者,再得其二,方可将三人之名一同缄封入瓶,照定制对众讽经,掣签。著将此旨明白传谕第穆呼图克图,毋许再渎。若来京求请,即查拿治罪。将此传谕知之。"

1820 年(嘉庆二十五年)九月,嘉庆帝薨,消息传到札什伦布寺后,七世班禅召集全体僧人诵经悼念,在各寺庙熬茶,发放布施,供献供品,广做法事,并请驻藏大臣玉麟上表致祭,同时祝贺道光皇帝继位。

1821 年（道光元年），噶厦政府和三大寺根据朝廷的旨意，又在西康察木多地方（今西藏昌都地区）找到两个九世达赖的转世灵童，加上以前理塘发现的幼童，前后共有三人，已经符合金瓶掣签的要求。道光帝敕谕七世班禅主持认定九世达赖喇嘛转世灵童的金瓶掣签仪式。

1822 年（道光二年）正月初二，七世班禅由札什伦布寺启程，前往拉萨。正月十三日到拉萨后，班禅便与驻藏大臣共同商讨关于认定灵童的事宜。正月十五日，七世班禅、摄政、驻藏大臣及噶伦等同往聂塘寺，将三个候选灵童迎接到布达拉宫。在皇帝牌位前，七世班禅主持金瓶掣签仪式，驻藏大臣文干与保昌亲自执行。结果在理塘发现的幼童中签。随后，噶厦政府举行了盛大宴会庆贺达赖灵童的认定。

正月十八日，七世班禅与噶厦官员一同前往拉多寺，与驻藏大臣会谈，将九世达赖喇嘛转世灵童的金瓶掣签的详细情况上报朝廷。而后，班禅给转世灵童剃度，取法名为"阿旺洛桑绛边丹增楚臣嘉措贝桑布"，简称楚臣嘉措。由于楚臣嘉措年已 7 岁，二月十三日，七世班禅在聂塘寺为他传授了沙弥戒。道光皇帝对七世班禅大加赞赏，颁赐敕书表扬班禅主持金瓶掣签仪式，并给予丰厚赏赐以资奖励。

七世班禅在拉萨期间，为楚臣嘉措传授了《白胜乐随许法》等佛经。五月十五日，班禅回到札什伦布寺。八月初八日，十世达赖喇嘛楚臣嘉措的坐床典礼在布达拉宫举行，七世班禅派其兄岗坚堪布和卓尼却多尔为代表，参加了典礼。

1834 年（道光十四年）正月，噶厦政府派人到札什伦布寺迎请七世班禅前往拉萨，为十世达赖喇嘛楚臣嘉措授比丘戒。班禅于二月二十二日出发，三月初五抵达拉萨,下榻在罗布林卡的格桑颇章宫。三天后,在布达拉宫日光殿与十世达赖喇嘛、驻藏大臣、摄政噶勒丹锡呼图萨玛第巴克什见面,商议后决定于四月初七为十世达赖授戒。随后的日子里,七世班禅为十世达赖传授《长寿灌顶法》、《马头明王随许法》等多种教法。

四月初七,在大昭寺的释迦牟尼佛像前,七世班禅担任亲教师、摄政担任轨范师、甘丹赤苏绛曲群培担任屏教师、甘丹池巴绛白楚臣担任传钵师,庄严而又圆满地为十世达赖楚臣嘉措授了比丘戒。当月二十二日,七世班禅起程回返后藏。

1837 年(道光十七年)九月初一,年仅 22 岁的十世达赖喇嘛楚臣嘉措突然在布达拉宫圆寂。七世班禅应噶厦政府呈请,写了祈祷达赖喇嘛早日转世的祈祷文,同时,向拉萨三大寺及藏区各大寺院熬茶、发放布施,组织僧人诵经。

1838 年(道光十八年),道光帝赏给七世班禅用满、汉、蒙古、藏四种文字书写的金册,金册共 13 页,净重 235 两 6 钱。内容大意为:札什伦布寺所属的所有宗谿、庄园、百姓永远归班禅额尔德尼管辖,任何人不得攘夺、侵占。十一月十四日,钦差大臣将金册送到札什伦布寺,七世班禅举行了隆重的欢迎仪式。

十世达赖喇嘛圆寂后,噶厦政府和三大寺在西康地方寻访到四个灵童。道光帝指示,达赖喇嘛的转世灵童,仍以金瓶掣签的形式来认定。1841 年(道光二十一年)二月,驻藏大臣孟保和噶厦政府根据道光皇帝的旨意,邀请七世班禅前往拉萨,主持金瓶掣签仪式,并为灵童剃度、取法名和授戒。五月初三,七世班禅从札寺动身,十天后抵达拉萨。五月二十四日,在布达拉宫的皇帝牌位前,由七世班禅主持,驻藏大臣孟保和海朴执行,举行了金瓶掣签仪式,结果西康康定境内的噶达

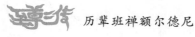

　　（泰宁）地方策旺登柱之子朗穷多吉中签。

　　六月初一，七世班禅与驻藏大臣孟保和海朴、摄政噶勒丹锡呼呼萨玛第巴克什、全体噶伦、三大寺代表，前往蔡贡塘寺，向众人宣布了金瓶掣签的结果。而后，班禅为十世达赖的转世灵童剃发，换上僧衣，取法名为"阿旺噶桑丹贝卓美克珠嘉措贝桑布"，简称克珠嘉措。七世班禅将掣签详细情况写成奏摺，请驻藏大臣转奏道光皇帝。

　　七世班禅开始向十世达赖的转世灵童传授佛法，直至九月初六，方才辞别灵童，启程返回后藏。

　　1842年（道光二十二年）四月十六日，十一世达赖喇嘛的坐床典礼在布达拉宫举行，道光皇帝给达赖喇嘛赏银一万两，并派成都副都统什蒙额和章嘉呼图克图前来拉萨"看视坐床"，班禅派代表前来献礼祝贺。坐床典礼结束后，五月，章嘉呼图克图来到札什伦布寺看望七世班禅，转交了御赐珍玩，以及道光帝为祝贺七世班禅六十岁寿辰而御笔亲书的福寿字等礼品。

　　喀尔喀蒙古的哲布尊丹巴活佛于1841年圆寂，在西藏寻得三名聪慧的幼童。1843年（道光二十三年），道光帝敕谕七世班禅到拉萨主持哲布尊丹巴活佛转世灵童的金瓶掣签仪式。

　　1844年正月初四，七世班禅奉旨前往拉萨主持哲布尊丹巴活佛转世灵童的金瓶掣签仪式。二月初三抵达拉萨后，下榻在罗布林卡的格桑颇章宫。二月初九日，在布达拉宫的皇帝牌位前举行金瓶掣签仪式，掣出了哲布尊丹巴活佛的转世灵童。七世班禅为其取法名为"罗布桑巴勒丹贝佳木粲贝桑布"。道光皇帝为此赏赐给七世班禅黄哈达一方，绸缎四匹。

　　由于哲布尊丹巴活佛的转世灵童年纪幼小，道光皇帝敕谕七世班禅："哲布尊丹巴呼图克图之呼毕勒罕本年甫二岁，西藏距库伦路途甚远，该徒众一切难以照顾，未迎至喀尔喀地方以前，与伊父母均责成班禅额尔德尼看顾。俟呼毕勒罕年至五岁时，照旧由班禅额尔德尼授戒。"

七世班禅在拉萨期间，虽然政教事务繁忙，依然为十一世达赖喇嘛传授108种长寿灌顶法等佛学知识。五月初四日，班禅启程回后藏。当月二十八日刚到札什伦布寺，便收到驻藏大臣琦善派通事送来的急信，声称道光皇帝有旨，请他速赴拉萨议事。噶厦政府也派来颇本巴龙，负责沿途照应。

六月二十九日，七世班禅又再次踏上前往拉萨的行程，七月抵达拉萨。驻藏大臣琦善、钟方到罗布林卡的格桑颇章宫与七世班禅会谈，宣读了道光皇帝的谕旨："接据班禅额尔德尼等控诉诺门汗贪黩营私各情一折，并将所递各呈分缮呈览。该诺门汗噶勒丹锡呼图萨玛第巴克什现在掌办商上事务，如果实有狂妄贪奸各情，于黄教大有关系。著琦善会同班禅额尔德尼，并率同第穆、济咙呼图克图、热振诺门汗等，逐款确查，据实参办。其商上事务著照议准令班禅额尔德尼暂行兼管，第穆、济咙、热振三人并令随同学习，俟一二年后，由该大臣会同班禅额尔德尼酌保一人掌办商上事务。将此谕令知之。"驻藏大臣琦善恳请七世班禅代理摄政，掌办商上事务。七世班禅以年迈为由，坚辞不受，琦善再三劝请，称圣旨不可违，七世班禅才勉强接受了摄政之印。

八月初六，七世班禅正式就任摄政，掌办商上事务。十二日，班禅前往布达拉宫会见十一世达赖喇嘛，再三表明心迹，向达赖表示，因年老体弱，难以胜任摄政之职。有关商上事务，请多加关心，以不负大皇帝的期望。十一世达赖喇嘛年仅七虚岁，七世班禅如此表白，可见其清醒明智，行事谨慎，极力维护班禅、达赖两

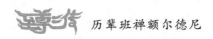

大系统的关系，维护西藏内部的团结。

原摄政噶勒丹锡哷图萨玛第巴克什，"原系微贱喇嘛，因其熟习经咒，是以屡施深恩"，最后竟坐到摄政的位置，但"该喇嘛不知感恩图报"，"夜郎自大，诸事专擅，妄作威福，肆行无忌"，"需索财物，侵占田庐，私拆房间，擅用轿伞，强据商产，隐匿逃人"，"勒取财物盈千累万"，欺压达赖喇嘛。

这些罪行一一查明后，1844年十月，七世班禅会同驻藏大臣琦善查办了噶勒丹锡哷图萨玛第巴克什诺门汗，将其拘禁，没收全部财产，共没收白银14.4万两，大米278石，麦、豆、青稞共6 946石。抄没的白银、粮食拨给了前后藏各寺庙和藏军。

前摄政噶勒丹锡哷图萨玛第巴克什诺门汗原属色拉寺麦札仓，十一月二十九日，色拉寺麦札仓僧人将其劫往色拉寺。驻藏大臣琦善认为这是造反，十二月初一，准备进兵色拉寺，被七世班禅劝止。随后，七世班禅招集布达拉宫基巧堪布和三大寺首脑，经过谈判，拘捕了主要当事人，和平解决了争端。

七世班禅在处理公务之余，依然为十一世达赖喇嘛传授各种经文、教法。1845年（道光二十五年）二月，众噶伦、基巧堪布和四大仲译等请求拨给十一世达赖喇嘛父亲庄园、百姓，七世班禅答应一定向驻藏大臣琦善反映。

三月初一，驻藏帮办大臣瑞元前往后藏"巡边"，途经札什伦布寺时，该寺僧俗官员向瑞元递交了公禀，要求七世班禅仍回札什伦布寺主持教务。瑞元回拉萨后，上奏书给道光皇帝，内称七世班禅久住拉萨，使后藏僧俗番众心境不安，可否即准其仍回札什伦布寺，摄政一职拟由热振阿齐图诺门汗接替。得到了道光帝批准。四月二十四日，驻藏大臣会见七世班禅，传达了道光皇帝的谕旨,大意是:班禅久居前藏,不理后藏事务,使后藏僧俗人等失其所望。晓谕班禅将摄政印交付热振阿齐图诺门汗后,即可返回后藏。

两天后,七世班禅在布达拉宫会见十一世达赖喇嘛,当着达赖的面将摄政大印交给热振阿齐图诺门汗,辞去摄政职务。七世班禅代理摄政共八个月二十天。当天辞行回后藏,五月初三回到札什伦布寺。

1846 年(道光二十六年),十一世达赖喇嘛到了受沙弥戒的年龄,应摄政热振阿齐图诺门汗和噶厦政府的邀请,七世班禅于三月十一日抵达布达拉宫,与达赖相见并为其传授佛法。五月初七,在大昭寺的释迦牟尼佛像前,七世班禅担任亲教师,甘丹池巴担任轨范师,达赖的经师功德林活佛担任司时,给十一世达赖喇嘛授了沙弥戒。授戒后,照例具表上奏。六月十日,七世班禅接到了道光皇帝的敕谕和赏品。同年,班禅收到了道光帝赏换的金册、金印以及丰厚赏品。

1850 年(道光三十年)三月,驻藏大臣来到札什伦布寺,告知七世班禅:道光皇帝已于正月初四驾崩,新皇帝咸丰已登基。

1853 年(咸丰三年)正月十四日,七世班禅久病不愈,于拂晓在札什伦布寺圆寂,享年 72 岁。其法体经防腐处理后,陈放了一段时间。当年十一月,法体移入灵塔,与历辈班禅灵塔一同供养在大经堂内。

七世班禅先后从八世达赖、仲则·洛桑楚臣、古格·洛桑丹增等经师广习佛法,佛学知识渊博,著述丰富,有关显密佛经、仪轨、传记、信札、修法、时轮、喜金刚等方面的著作 130 多种,其中《本生传记》(自传)、《马鸣论师传略及三十四本生故事释义》、《密集根义悉地·宝库之钥》、《度母一百零八相释论》、《各寺庙寺规戒言》等较为著名。

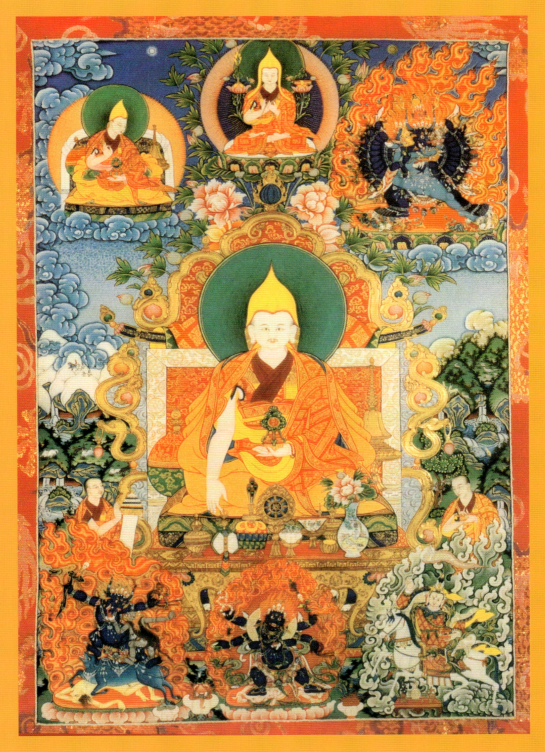

第八世班禅额尔德尼丹贝旺秋（公元 1855～1882 年）

八世班禅丹贝旺秋（公元1855～1882年），后藏日喀则地区托布加竹仓村人。28岁时圆寂于后藏托布加奚卡。

八世班禅额尔德尼丹贝旺秋

一、八世班禅的寻访、坐床

八世班禅额尔德尼法名曲杰扎巴丹贝旺秋贝桑布（1855－1882年），简称丹贝旺秋。

1855年（咸丰五年，藏历第十四饶迥木兔年）八月初八，丹贝旺秋出生在后藏南木林宗托布加谿卡竹仓村的一个信奉宁玛派的贵族家庭，俗名朗杰旺堆坚参，父亲丹增旺嘉，母亲扎西拉姆。同年十二月二十五日，亲政不足一年的十一世达赖喇嘛克珠嘉措在布达拉宫圆寂，咸丰皇帝任命卸任摄政热振阿齐图诺门汗再次担任摄政之职。

七世班禅圆寂后，札什伦布寺派出代表到各地寻访其转世灵童，于1856年八月，在后藏共找到三个灵异卓著的幼童，但其中一候选灵童的父母不愿意参加金瓶掣签，于是只剩两名。一个是后藏南木林宗托布加谿卡竹仓村的丹增旺嘉、扎西拉姆夫妇的孩子朗杰旺堆坚参，一个是前藏夏格巴地方贵族第巴次旺觉杰、次仁央金夫妇于1854年（咸丰四年）九月二十日出生的孩子钦波觉杰。

据说，七世班禅圆寂后，有一天夜里，竹仓村灵童朗杰旺堆坚参的伯父益西多杰做了一个梦，梦见七世班禅仍旧健在，坐在床上。益西多杰上前朝拜，七世班禅赏给他一方哈达和一个刻着金字八宝的银瓶，银瓶内似乎有水,益西多杰内心喜之不尽,忙把金瓶揣进怀里,到了无人的地方,拿出银瓶细看,从中倒出了炒熟了的青稞,而后便醒了。在七世班禅圆寂的第二年,即1854年的一天夜里,益西多杰又做了一个梦,梦里听到有法器铙钵的声音,有许多人过去观看,益西多杰也过去看,只见在甘丹饶结寺北边一个山坡上,好多喇嘛手持法器,向他走过来,众喇嘛围绕着一把三层大黄伞,伞底下有贴金五佛冠一顶,似乎在微微摇动,同时还有击鼓的声音,觉得班禅也在里面。于是他便在竹仓村一个叫彭岭楼的房子的暗处,放了一个大垫子,垫子上竟坐着班禅,一下便醒了,心中非常高兴。

朗杰旺堆坚参的父亲丹增旺嘉也做了一个梦,梦见一个身穿盔甲,头戴黄帽的白衣人,在他家的房顶上插了一杆白旗。房内有一架大床,上面放着一海螺,白衣人拿起海螺让他吹,丹增旺嘉说吹不来,白衣人说这个海螺不是普通的海螺,是象牙做的。于是丹增旺嘉吹了一下,声音非常悦耳动听。

据说,从七世班禅圆寂到朗杰旺堆坚参出生后,还出现了许多吉兆:

朗杰旺堆坚参在1855年(咸丰五年)八月初八黎明出生,他的母亲身体健康,但他一生下来,全身都被白皮包着;

从朗杰旺堆出生之日起,一连三天,均有五色霞光射入他家院内,有玛尼拉康庙的喇嘛及周围邻居眼见为实;

竹仓村的两个小孩去柳林中采花,采到一朵大花,从根上发出了五个枝桠,每个枝桠上又发出五个枝,在尖端开着这朵大花,颜色鲜红,问了好多人,都说没见过;

竹仓村有些已枯死的柏杨树又发出了新芽,比以前更茂盛了；

十一月十四日，竹仓村的柳林里飞来了一对画眉鸟，十二月十二日重又飞来，村民丹桑和次朗顿珠都看见了。诸多奇异之处，均有人出来证实。

另一个候选灵童钦波觉杰的灵异事迹是：他的母亲在怀孕期间，曾梦见一个围着虎皮围裙人身牛头的人；在其出生之日，仆妇朗杰次仁央宗和仆人多杰次旺等说，看见天上有五色霞光。

札什伦布寺派索本堪布班丹西热前往拉萨，将两个候选灵童的种种灵异之处向驻藏大臣做了详细报告。九月初一，驻藏大臣赫特贺写了奏摺上奏咸丰皇帝。咸丰帝敕谕指示：要依定例对两个候选灵童进行"金瓶掣签"。

1856 年（咸丰六年）十一月二十三日，驻藏大臣满庆和赫特贺、摄政热振阿齐图诺门汗和噶厦政府官员、拉萨三大寺的代表、札什伦布寺札萨喇嘛英萨诺门汗、前世班禅额尔德尼的索本、森本、却本等齐集拉萨布达拉宫，参加金瓶掣签仪式。两个灵童和他们的父母已提前来到拉萨，住在功德林拉章。在布达拉宫的皇帝牌位前，由驻藏大臣满庆和赫特贺主持执行金瓶掣签，结果后藏南木林宗托布加谿卡丹增旺嘉的孩子朗杰旺堆坚参中签。而后，按旧例，由札什伦布寺派卓尼一人，穿白衣，骑白马，前往功德林拉章向灵童及其父母报喜。同时派人到札什伦布寺报告掣签结果。噶厦政府出资，举办了盛大欢庆宴会，庆祝认定七世班禅转世灵童的金瓶掣签仪式圆满成功。宴会结束，朗杰旺堆坚参被迎请到罗布林卡的格桑颇章宫。驻藏大臣满庆和赫特贺把这次金瓶掣签过程写成奏摺，上奏给咸丰皇帝。

两天后，由热振呼图克图阿齐图诺门汗担任亲教师，为朗杰旺堆坚参剃度，更换僧衣，并取法名为"曲杰

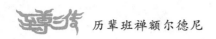

扎巴丹贝旺秋贝桑布"，简称丹贝旺秋。

1857年（咸丰七年）正月，咸丰皇帝的谕旨传到，称对金瓶掣签圆满完成感到很高兴，对认定丹贝旺秋为七世班禅额尔德尼的转世灵童很满意，特赏给灵童大哈达一方，珊瑚念珠一串，玉如意一柄；命令驻藏大臣传达圣谕给摄政热振阿齐图诺门汗和全藏喇嘛，对七世班禅额尔德尼的转世灵童妥为护持。

经札什伦布寺札萨喇嘛英萨诺门汗、驻藏大臣、摄政热振阿齐图诺门汗等商议后决定，八世班禅额尔德尼丹贝旺秋的坐床典礼定在1860年（咸丰十年）的十月初二日。上报朝廷后，咸丰皇帝令驻藏大臣恩庆和摄政热振阿齐图诺门汗前往札什伦布寺看视坐床，赏给坐床典礼的费用白银一万两，另外御赐赏件等。

1860年（咸丰十年）十月初二，札什伦布寺全体僧俗官员从贡觉林夏宫将丹贝旺秋迎请到札什伦布寺的日光殿，举行隆重的坐床大典。驻藏大臣恩庆和摄政热振阿齐图诺门汗、噶厦政府官员、拉萨三大寺的代表、札什伦布寺僧众及所属的属民等上千人参加了典礼。

八世班禅额尔德尼丹贝旺秋已到了受沙弥戒的年龄，按照惯例，达赖喇嘛和班禅额尔德尼互为师徒关系，应由达赖为其授戒，但十二世达赖喇嘛成烈嘉措比丹贝旺秋还小一岁，不能担任班禅亲教师的职责。咸丰帝下诏指示热振阿齐图诺门汗代达赖为班禅授戒。十月初七，热振呼图克图为八世班禅授了沙弥戒。

同年，英法联军攻破北京城，大肆抢劫并焚毁了世界上少有的壮丽宫殿和园林圆明园。咸丰帝带后妃和一批官员仓惶逃往承德避暑山庄。1861年（咸丰十一年），咸丰帝病死在避暑山庄，同治帝继位。八世班禅派堪布进京请安，并聚集众喇嘛诵经为咸丰帝祈愿。朝廷为此特赏赐给班禅额尔德尼玻璃小朝珠一串，菩提念珠一串,大荷包一对,小荷包四个。

1864 年(同治三年),十二世达赖喇嘛成烈嘉措到了受沙弥戒的年龄,根据以往达赖、班禅互为师徒的作法,八世班禅应该赴拉萨为达赖授戒,但班禅年纪幼小,不能胜任达赖亲教师的职责。于是摄政和噶厦政府决定由甘丹池巴洛桑钦热旺觉为达赖喇嘛授戒。

二、坎坷一生

八世班禅所生活的历史阶段,正值中国清政府日趋衰落的时候,内地爆发了太平天国运动,帝国主义发动了第二次鸦片战争,逼迫清政府签订了一系列不平等条约,内忧外患,形势错综复杂。

而在西藏地方,前藏农奴主争权夺利的斗争非常激烈,先后发生了一系列重大事件:

1855 年亲政不足一年的十一世达赖喇嘛去逝;

1855~1856 年,第三次廓尔喀侵藏;

1862 年哲蚌寺僧众与摄政热振呼图克图阿齐图诺门汗之间的械斗事件:摄政热振阿齐图诺门汗以"克扣布施"为由革退了哲蚌寺堪布。哲蚌寺僧众联合甘丹寺僧人打开布达拉宫武器库,炮轰摄政府,迫使热振阿齐图诺门汗携摄政大印逃往内地;

1864 年色拉寺喇嘛吐多卜降巴带僧众抢劫并杀害了已革职待审的总堪布罗布坚参朗杰,驻藏大臣出兵追杀了萨迦金巴等 67 名喇嘛,抓获吐多卜降巴等 165人,将主犯吐多卜降巴正法,其余僧人从轻发落,交回原寺管教;

1871 年达尔汉总堪布班典顿珠勾结甘丹寺喇嘛阿丹、札萨克喇嘛扎克巴协捻、折窝喇嘛次仁桑结,为逼使摄政辞职，将已革职赎罪的噶伦彭措次旺多吉父子、池扪代本晋美多吉、大昭仓储巴江洛拉旺彭措、通巴代本朗结顿珠、被参奏擅权的噶伦米玛次仁等六人先后谋害。随后班典顿珠畏罪逃回甘丹寺，纠集众喇嘛"恃险抗拒"，噶伦次仁旺曲擅离职守，与班典顿珠沆瀣一气，也跑到甘丹寺。经清中央政府批准，驻藏大臣与噶厦政府抚剿兼施，生擒了喇嘛阿丹、噶伦次仁旺曲等25人，并将班典顿珠处决。

八世班禅正是在这样错综复杂，局势凶险的环境中致力于政教事务。

1875年（光绪元年），同治帝驾崩，光绪皇帝继位。光绪帝特派钦差颁给八世班禅诏书和御赐赏件：三十两重银茶筒一个、银壶一把、银盅一个、大小哈达各十方、绸十二匹；赏给札什伦布寺银一千两。

同年三月二十日，亲政仅一年多的十二世达赖喇嘛成烈嘉措突然在布达拉宫圆寂，噶厦政府请求八世班禅撰写祈祷文告，祈祷达赖喇嘛早日转世。八世班禅撰写了祈祷文告，并在札什伦布寺、拉萨三大寺向全体僧人熬茶、散发布施、诵经悼念达赖喇嘛。

这年八世班禅到了受比丘戒的年龄，札什伦布寺聘请普觉活佛担任亲教师为其授戒。四月十五日，授戒仪式在札什伦布寺益格曲增殿内举行，噶厦札什伦布政府派索本堪布前来祝贺，驻藏大臣也派代表参加了仪式。

由于八世班禅出身于宁玛派家庭，对格鲁派教义并不用心学习，所感兴趣的是宁玛派教义，引起了札什伦布寺尤其是推桑林札仓全体喇嘛的反对。经札什伦布寺札萨克喇嘛的一再解释，进行调解，一场风波才告平息。

1876年（光绪二年）年底，驻藏大臣松溎将八世班禅练习宁玛派教义之事上报朝廷："不意班禅额尔德尼被人愚惑,兼习红教,遂致两藏物议沸腾,众心不服,体制攸关,诚恐滋事。奴才巡至后藏,会见班禅额尔德尼数次,当即面谕:仰蒙圣恩特派大臣保卫阖藏,振兴黄教,惟应上体大皇帝二百余年护持之恩,下慰前后藏数万众生皈依之念,正己教人,表率一方,何可妄习别教,而舍正经,以致人心惶惶,浮言四起,实属不成事体。嗣后仍宜确遵黄戒,虔心唪经,勿得任性妄为,旁习外道,以期仰副圣主保卫全藏、护持黄教之深恩也。如或执迷不悟,妄知痛改,立即严参,从重惩办,勿贻后悔,惟希自裁。该班禅额尔德尼闻听之下,俯首无言。"光绪皇帝指示:"著随时察看,妥慎办理。"

　　1877年(光绪三年),十二世达赖喇嘛成烈嘉措的转世灵童在前藏塔布地方找到。据说在成烈嘉措圆寂一年后,摄政和三大寺堪布向乃琼护法神师询问有关达赖的转世灵童之事。乃琼护法说只有道德极为高尚的僧人才会发现达赖的转世灵童,说甘丹寺的夏孜堪布便是这样的人,并进一步指出,夏孜堪布应该到曲科甲去,因为灵童会在工布附近被发现。于是夏孜堪布到了曲科甲,然后向工布出发,途中在塔布一户富裕人家歇息时,发现这家的幼孩非常灵异。他通知噶厦政府、摄政和三大寺堪布,把这个已一岁的小男孩和他父母接到拉萨附近的日加宫。噶厦政府、摄政、三大寺堪布和八世班禅认为这个小男孩就是十二世达赖喇嘛的转世灵童,请驻藏大臣松溎上奏皇帝,请求免于金瓶掣签。得到光绪皇帝批准:"工噶仁青之子罗布藏塔布克甲木措,即定达赖喇嘛之呼毕勒罕,毋庸入瓶掣签。"

　　噶厦政府派人到札什伦布寺迎请八世班禅前往拉萨,为十二世达赖喇嘛的转世灵童剃度、授戒并取法名。

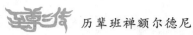

1878 年（光绪四年）正月十一日，八世班禅抵达拉萨。在驻藏大臣松滗、桂丰、摄政功德林活佛、众噶伦、三大寺的代表等人的陪同下，来到贡塘寺大经堂为灵童剃去头发，换上僧衣，授了近事戒并取法名为"吉尊阿旺罗桑土登嘉措晋美旺觉却勒南巴甲哇贝桑布"，简称土登嘉措。

八世班禅在拉萨期间，在各大寺庙朝佛，讲经说法，于四月返回后藏。

1879 年（光绪五年）六月十三日，十三世达赖喇嘛土登嘉措坐床典礼在布达拉宫举行，八世班禅派孜恰朗加顿珠为代表前去献礼祝贺。

同年，英印政府的间谍萨拉特·钱德拉·达斯骗取了札什伦布寺札萨克喇嘛批准进入后藏的通行证，在日喀则住了六个月，密秘探测了日喀则周边地区。八世班禅还曾接见过他，钱德拉在其著作中描述八世班禅："这位大喇嘛 26 岁，体格清瘦，中等身材，宽额，大眼。他的面部表情虽然很聪慧，但不吸引人，而且缺少他的大臣的面部表情所表现的同情和尊严。札什伦布寺的老喇嘛告诉我，目前的大喇嘛不像他的前世，由于他的冷冰冰的自信神态，别人因怕他而不喜欢他。他在举行仪式和处理司法方面很严格，不大宽恕人。"

1882 年（光绪八年）正月十三日，十三世达赖喇嘛土登嘉措在大昭寺的释迦牟尼佛像前受了沙弥戒。按惯例应由八世班禅为其授戒，但十三世达赖喇嘛却没有邀请八世班禅，据传是因为八世班禅修习宁玛派经典，达赖不想与其他教派有联系。八世班禅为此郁郁不乐，身体健康状况也每况愈下。

八世班禅一直身体不好，多数时间并不住在札什伦布寺，到札什伦布寺附近的一个温泉休养或是在他的家乡托布加谿卡养病。1882 年（光绪八年），八世班禅病情加重，传说是出痘，于七月十五日在托布加黠卡圆寂，享年只有 28 岁。札什伦布寺的札萨克喇嘛立即率僧俗官员数百人用黄轿将遗体运回札什伦布寺进行防腐处理后，其法体供百姓祭悼。同时，派人向十三世达赖喇嘛、驻藏大臣、摄政报告，并请驻藏大臣转奏光绪皇帝。十三世达赖喇嘛写了祈祷文告，向札什伦布寺、拉萨三大寺全体僧众熬茶、发放布施，每僧布施白银一两。

　　清政府赏给札什伦布寺五千两治丧银，及妆蟒缎、御用蜜蜡念珠一串、哈达等物。

　　1885 年（光绪十一年），盛殓班禅遗体的金塔建成，八世班禅遗体移入灵塔，供养在札什伦布寺岭则金殿内。

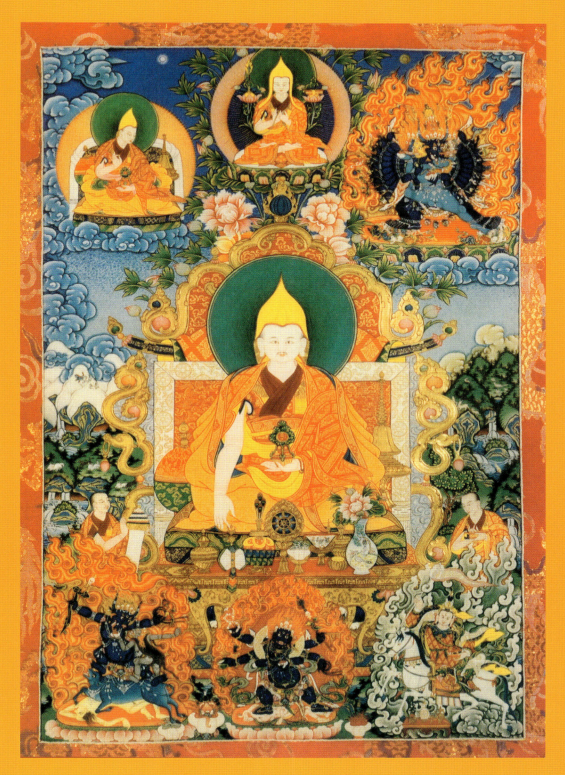

第九世班禅额尔德尼曲吉尼玛（公元 1883～1937 年）

九世班禅曲吉尼玛（公元1883～1937年），前藏塔布地区噶夏村人。1892年举行坐床典礼。与十三世达赖喇嘛一起领导和指挥了近代西藏历史上最伟大的抗英斗争。后来被迫离开西藏到内地避难。54岁时因病圆寂于青海玉树结古寺甲纳颇章宫内。

九世班禅额尔德尼曲吉尼玛

一、九世班禅的认定、坐床

1883 年（光绪九年，藏历第十五饶迥水羊年）正月十二日，在西藏塔布地区（今加查县和朗县境内）的嘎夏村，降生了一个男婴，乳名伦珠嘉措。其父不详，其母是一个名叫当琼措姆的哑女。家庭极为贫困，只有靠给贵族放牧牛羊为生，因而，伦珠嘉措被寄养在外祖父家中。

第八世班禅额尔德尼丹贝旺秋圆寂后，札什伦布寺派出代表多人，四处寻找八世班禅的转世灵童。1887 年（光绪十三年）三月，索本堪布旺杰和大卓尼达娃二人被派前往拉萨，向十三世达赖喇嘛请示寻找八世班禅额尔德尼转世灵童的方位等事宜。

四月十日，十三世达赖喇嘛在布达拉宫吉祥天女佛像前问卜。后又经各大呼图克图卜卦考证，在八世班禅额尔德尼灵塔前卜卦，看见灵塔殿内的木柱上生有一朵大白菌。在藏语中，称柱为"噶"，称菌为"夏莫"，因此这一现象被认为是暗示了第八世班禅额尔德尼转世灵童已经降生在噶厦札什伦布地区的某个家庭里。

在札什伦布寺派出寻访灵童的高僧大德到达噶厦札什伦布地区后，听闻了许多关于伦珠嘉措诞生后发生的灵异现象。根据八世班禅额尔德尼灵塔柱上的预兆和这些传闻，伦珠嘉措被认定为八世班禅额尔德尼

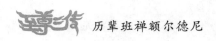

转世灵童的候选人。

　　经过多方找寻，札什伦布寺在西藏地方共找到了三个候选灵童。根据金瓶掣签制度，应当从三个灵童候选人中选定一人。札什伦布寺向当时的驻藏大臣文硕进行了汇报，并请其转奏清朝政府。

　　十一月九日，文硕接到清朝政府的批文："班禅额尔德尼转世已届五年，……著照所奏，即遵定例将三幼童之名入于奔巴金瓶内唪经，敬谨掣签定为呼毕勒罕，俟掣定后，由驿奏闻。"同意举行金瓶掣签大典，驻藏大臣文硕即命札什伦布寺将寻获的三个候选灵童都护送到拉萨，并择定于光绪十四年（公元1888年）正月十五日，在布达拉宫皇帝牌位前，举行掣签仪式。

　　1888年（光绪十四年）一月四日，伦珠嘉措由札什伦布寺的札萨克喇嘛诺门汗洛桑顿珠和日喀则的僧俗官员500余人护送到拉萨，并于五日前往布达拉宫谒见了达赖喇嘛，向达赖喇嘛敬献了见面礼。六日，其他两名候选灵童由绛央金巴和普主二人迎至拉萨，并受到达赖喇嘛的接见。

　　十五日，金瓶掣签仪式在布达拉宫的色松南杰殿举行，由驻藏大臣文硕主持。参加掣签仪式的有十三世达赖喇嘛、驻藏大臣、噶厦政府官员、札什伦布寺的要员等等。掣签之前，由摄政第穆呼图克图、甘丹池巴、札什伦布寺札萨克喇嘛等人亲临会场，参加唪经。然后将三名候选灵童的名字和出生年月抄写于象牙签牌上，投入金瓶内，由高僧用象牙筷子从中抽取，结果抽出的是伦珠嘉措的名字。这样，在经过一系列宗教仪式后，伦珠嘉措被掣定为八世班禅额尔德尼的转世灵童。

　　一月十六日，第九世班禅与札什伦布寺代表札萨克喇嘛等前往布达拉宫，受到了隆重的欢迎和接待。

　　在布达拉宫的日光殿上，第九世班禅拜十三世达赖喇嘛土登嘉措为师，并由十三世达赖喇嘛亲自为之削发，念诵吉祥词，并取法名为"吉总罗桑图丹曲吉尼玛格勒南杰"，简称"曲吉尼玛"。尔后，在日光殿举行了盛大的庆祝宴会，噶厦政府也在大厅举行宴会，以示庆贺。

二月六日，九世班禅一行从拉萨启程，返回日喀则。此后，九世班禅住在贡觉林夏宫，开始进行正规严谨的读经修法的生活，等待着即将到来的坐床大典。

金瓶掣签结束后，驻藏大臣文硕将掣签结果向清朝政府递交了奏折。三月十五日，光绪皇帝接到奏报后颁下圣旨，赏给九世班禅大哈达一方、珊瑚珠一串、玉如意一柄，并让文硕转达，希望第穆呼图克图等对九世班禅精心照料。

1891年（光绪十七年）十月六日，为了九世班禅举行坐床大典一事，新任驻藏大臣升泰向清政府递交奏折，希望朝廷尽快选出吉期，并请求由第穆呼图克图到札什伦布寺照料九世班禅的坐床、受戒、传经等事宜。清朝政府同意了他的请示。另外，由于九世班禅的母亲在他被认定后出家当了尼姑，加之九世班禅没有父亲，是靠外祖父抚养长大的，因此，光绪帝赐封九世班禅的外祖父齐美旺布为辅国公，限定"只授本身，毋庸袭替"。

二十二日，光绪帝颁旨宣布择定班禅额尔德尼呼毕勒罕于光绪十八年（1892年）一月三日坐床，并派驻藏大臣升泰会同苏呼诺门汗参加。同时，为了对九世班禅坐床表示祝贺，光绪皇帝特地下旨从国库提取白银一万两赏给九世班禅，并责令四川总督刘秉璋派人迅速送到。

1892年（光绪十八年）一月三日，在八世班禅圆寂近十年后，举行了曲吉尼玛继任第九世班禅额尔德尼

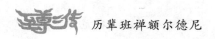

的坐床典礼。

　　坐床典礼在札什伦布寺的德钦颇章宫举行。坐床仪式由清朝政府特派的新任驻藏大臣升泰主持，十三世达赖和噶厦政府派摄政第穆呼图克图作为代表，前往致贺。

　　在坐床大典举行以后，摄政第穆呼图克图担任授戒堪布，给九世班禅授了沙弥戒。本来按照规定，应当由十三世达赖喇嘛为第九世班禅授沙弥戒，但当时十三世达赖自己还没有受比丘戒，因此不能传授沙弥戒。

　　九世班禅坐床后，特派堪布罗布藏荣垫前往北京，向慈禧太后和清德宗"谢恩"。第二年，九世班禅两次派专使进京，恭祝皇帝万岁，并供献丹书克、贡物。

　　1902 年（光绪二十八年），经札什伦布寺向十三世达赖、摄政第穆呼图克图和驻藏大臣请示，经各方同意后，年满 19 岁的九世班禅于藏历四月四日在札什伦布寺僧官护送下，到达拉萨，准备由当时年满 26 岁，业已受了比丘戒的十三世达赖喇嘛授比丘戒。

　　九世班禅进入拉萨城后，首先到达布达拉宫拜见达赖喇嘛，与达赖喇嘛行碰头礼，互致了哈达，然后，九世班禅便在布达拉宫暂居下来。

　　十五日，九世班禅额尔德尼与达赖喇嘛并肩走进大昭寺的大殿，一同向释迦牟尼佛像敬献哈达。然后，班禅向达赖喇嘛磕头并献了哈达等礼物。在释迦牟尼佛像前，由十三世达赖担任授戒堪布，为第九世班禅额尔德尼授了比丘戒。受戒后，班禅以厚利酬谢达赖喇嘛，达赖回赠了一尊镶有宝石的释迦牟尼佛像。为庆贺受戒圆满成功，噶厦政府和札什伦布寺向两位大师赠送了各种珍贵的礼品，并向释迦牟尼佛像献了一件贵重的佛衣。

　　五月二日，圆满完成了受戒和朝佛、观光等事宜的九世班禅到罗布林卡向达赖喇嘛辞行，达赖喇嘛为之设宴饯行。

四日，九世班禅一行从拉萨启程返回札什伦布寺。达赖喇嘛派遣后藏的代本丁色、雪仲噶西巴、孜仲丹巴达杰、桑噶札噶格丹等护送。十日，九世班禅大师抵达了本寺札什伦布寺。

二、领导抗英斗争

1849 年，英国征服印度全境后，印度就成为英国东方殖民体系的政治、经济中心和向亚洲进行侵略扩张的战略基地。英国按其从印度北侵的既定方针，吞并、侵占了印度、锡金、尼泊尔、不丹的大片土地，并以锡金为入侵西藏的跳板，在锡金境内大举修路，步步北上，企图逐步实现其战略意图。

19 世纪 60 年代，侵入锡金的英国官兵招雇游民非法越过当时藏锡边界日纳，进至隆吐山，深入藏地探路。当地藏胞发现后，当即进行阻止。但是英国人不听，反而派人进至隆吐山以北开路建站。鉴于英国北侵的步骤日益加紧，噶厦政府不顾清廷对英妥协退让的政策，于 1886 年至 1887 年派藏军在隆吐山建立哨卡设防，并在哨卡旁塑立了西藏的护法神像。英国随即反诬藏军侵入了锡金境内。

英国先是向清政府施压，企图离间清廷与噶厦政府。清政府执行对外屈服政策，下令藏军后撤。西藏三大寺、札什伦布寺、西藏地方政府七品以上全体官员都上书给当时的驻藏大臣文硕，表达了一定要全体抵御侵略的决心，噶厦政府、三大寺和札什伦布寺拒绝执行丧权辱国的后撤命令。文硕也全力支持西藏人民的抗英正义斗争。为此,清朝政府以不顾大局,不遵谕旨的罪名将文硕革职,任命长庚为驻藏大臣。

英国的叵测居心未能得逞,便于1888年3月20日,悍然向西藏热纳宗的隆吐山藏军阵地发起猛烈进攻,战事激烈。藏军初战告捷,但由于英军使用的是新式武器,藏军用的还是弓箭刀矛和火枪,所以尽管藏军进行了英勇抵抗,但损失惨重,隆吐山防线被占据了极大优势的英军攻占。是年六月,藏军又向隆吐山发起了反攻,仍被打败,伤亡更加惨重,藏军被迫放弃了隆吐山。这就是西藏近代史上的第一次抗英战争。1888年是藏历土鼠年。因此,藏胞称这次的抗英战争为"土鼠年战争"。

在第一次抗英战争中,尽管当时已被确认为呼毕勒罕的九世班禅额尔德尼尚且年幼,但班禅方面的札什伦布寺表现出与达赖方面的三大寺完全一致的态度。班禅管辖地区的民兵也积极参与战斗,与其他藏军一起开赴前线。

第一次抗英战争失败后,腐朽的清廷迫不及待地要同英方议和。清政府再次撤换驻藏大臣,派升泰接任,并命令他前往藏印边境议和。达赖方面派了公爵噶伦伊喜洛布旺曲、噶伦扎西达吉,候补噶伦罗藏伊喜春丕、商卓特巴才丹旺曲多吉,班禅方面派出札什伦布寺的商卓特巴索朗旺结参加谈判。

1888年11月,升泰一行到达仁青岗地方。英国派贝尔为代表,让升泰到原属西藏地方的哲孟雄(今锡金)境内的纳塘会晤,不允许达赖和班禅方面派出的人员参加。

会谈时,英方代表贝尔首先提哲孟雄要归英国保护,西藏方面要进行军事赔偿,英国商人要到西藏境内的江孜等地贸易。经多次协商,贝尔才同意哲孟雄国王可以依照旧制进行纳贡,赔偿兵费一事也可免除,但通商事宜必须进行,如果不能在江孜通商,则可以退到帕里。

升泰回来后,一面向清政府报告谈判的结果,一面命令噶厦政府讨论"撤兵"、"定界"、"通商"三件事后提出答复。在经过近一年的讨论后,噶厦政府表示同意撤兵和定界,但坚决不同意英国人进入藏境通商,只允许在印藏边界进行贸易。

1890年2月,清政府驻藏大臣升泰作为全权代表与英国印度总督兰斯敦在加尔各答会晤,在英方的压力下,升泰一再让步,不惜卖国求和,于27日与英方签订了《中英藏印条约》,这是英国强迫中国政府订立的关于结束第一次侵藏战争的不平等条约,共有八款。主要内容为:确认哲孟雄(今锡金)归英国保护;划定中国和哲孟雄边界;规定通商、游牧等事宜随后另议。根据"藏印条约",历来是中国西藏地方藩属的锡金,被英人攫走了。锡金成为英国的保护国以后,英国就在藏锡边境划界立碑,中国失去了西藏隆吐山到岗巴宗南部的大片牧场。而商定通商、边境双方居民游牧和印藏双方因公交涉这三项事宜另行商议,就为英帝国主义进一步侵略西藏留下了后路。

1891年11月,英方要求升泰到印度解决"通商"、"游牧"和"交涉"这三件事。1892年,升泰到札什伦布寺参加完九世班禅的受沙弥戒的典礼后,于1月12日前往仁青岗,接到英方代表贝尔提出的三条书面意见。升泰转交给达赖、班禅的代表进行讨论。三大寺、札什伦布寺由摄政第穆呼图克图向升泰转达了不能接受英方的三条意见的讨论结果。英方则对此坚持,会谈陷入僵局。这年九月,升泰病故,清政府任命奎焕为驻藏大臣,与英国继续交涉。

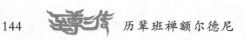

　　奎焕在没有取得达赖方面和班禅方面同意的情况下，一手包办了交涉内容。1893年12月5日，清政府的代表越隽营参将何长荣与英国政府驻哲孟雄行政长官贝尔，在印度大吉岭根据《中英藏印条约》的规定签署了又一个丧权辱国的不平等条约《中英藏印续约》，又称《藏印议订附约》或《中英藏印条款》，一共有十二款。主要内容为：开发亚东为商埠；准许英国在亚东设商务公所一处派员驻扎；藏印来往贸易免税五年；限制中国西藏人民在哲孟雄的传统游牧权利，若仍在哲孟雄游牧，依英国所定游牧章程办理。

　　西藏地方政府和藏族人民对英国强迫清政府签订的两个不平等条约强烈不满，他们阻挠英国人来亚东贸易，反对勘定藏锡边界，并不断捣毁英国人私自北挪的界碑。从1894年至1902年，英国屡次通过清廷压西藏地方政府遵行两个条约，均未能使西藏地方政府和十三世达赖喇嘛就范。1895年开始亲政的十三世达赖，十分痛恨英国侵藏，他看出依靠清廷抗英希望不大，在沙俄的拉拢下，遂产生了联俄的想法，并与沙俄进行了一些联系。英国十分顾虑沙俄势力插足西藏。为了压服西藏地方当局，排除沙俄控制西藏的可能，遂开始筹划第二次武装侵略西藏。

　　当时，英国人放出了要进攻拉萨的狂言。面临英帝国主义者军事侵略的进一步威胁，十三世达赖态度明确，决心领导西藏僧俗人民进行第二次抗英战争。在这个问题上，九世班禅也表明了十分坚定的立场和态度，决定和十三世达赖采取一致行动，领导后藏的全体僧俗人民抵抗英帝国主义的侵略。在英国侵略军统帅荣赫鹏所著《印度与西藏》一书中，曾提到达赖方面（拉萨方面）和班禅方面（日喀则方面）都派出代表与英军会面。可见，达赖和班禅同仇敌忾，一起领导着前后藏的僧俗人民并肩作战。

　　第二次抗英战争，双方从 1903 年就已开始发生摩擦，班禅方面首当其冲。4 月 16 日，英印政府派上将荣赫鹏和驻锡金行政专员怀特为正、副使，带领 200 英军，向清朝政府提出要在西藏的康巴宗进行谈判，以解决"定界"和"游牧"问题。英方声称，如果清政府和西藏方面不派代表来，便径直到班禅所在的日喀则或者江孜，逼迫达赖方面的拉萨代表前来。康巴宗是班禅管辖的一个宗，地处西藏与锡金的边界，英国提出在此地谈判，实际是对班禅施压，借以分化一致对外抗英的达赖与班禅之间的团结。但英国的诡计没有得逞，班禅没有屈从于英军的威胁，丝毫未动摇抗英的决心，仍旧与达赖方面采取一致行动。

　　此时，西藏地方群情激愤，十三世达赖喇嘛和九世班禅的抗英意志甚为坚决，多数藏政府官员及三大寺均反对与英国谈判，强烈要求英国从康巴宗撤走入侵军队。但是，清朝政府在英国人的武力侵略面前，表现得软弱可欺，没有征求达赖和班禅方面的意见，便同意以康巴为谈判地点，并要噶厦政府派代表参加。同时，被英国收买的噶伦夏扎班觉多吉为代表的少数官员，也主张与英方议和。十三世达赖喇嘛在盛怒之下，将主和派的噶伦夏扎班觉多吉、噶伦雪康次丹旺秋、噶伦喇嘛强钦阿旺白桑、扎萨霍尔康索朗朵杰等四人革职罢官，并关押在罗布林卡审查。在达赖和班禅领导下，西藏地方政府紧张动员并布置藏军、民兵前往后藏康巴宗方向，抗御英军的入侵。

　　1903 年 7 月 7 日，英军先派副使怀特率英军 200 人，由鄂康诺大佐指挥，侵占了康巴宗。18 日，正使荣赫鹏也到达康巴宗。噶厦派两名低级官员出面对英国军队深入西藏境内提出抗议，要他们退到印藏边界。但怀特毫不让步，坚持要在康巴宗举行谈判。双方形成僵局。噶厦官员进一步提出要求，指出谈判时英方不能带众多英军入境。

当时，九世班禅已经看清战争迫在眉睫，他清楚如果战争在他所管辖的康巴宗发生，札什伦布寺甚至整个后藏的百姓的生命财产必定会受到重大损失。同时，噶厦政府给札什伦布寺的拉章下令，指出康巴宗属札什伦布寺辖区，札寺对英军入侵应负全责，并要竭尽全力击退英军，否则噶厦政府不但要收回康巴宗，还要给予惩罚。因此，8月10日，班禅也派出代表到康巴宗来劝说英军退到印藏边界。荣赫鹏在《印度与西藏》一书中指出，班禅的政治势力虽然比不上达赖，但作为宗教领袖，他在人民心目中的精神权威与达赖不相上下。班禅派来的代表说，拉萨方面认为班禅应当对英军越境负责，班禅为了避免纠纷，特地恳请英军退出边境。但怀特拒绝了班禅代表的建议，班禅的代表无奈只有返回札什伦布寺。

21日，班禅再次派人来劝说英国人退回边境。荣赫鹏仍旧拒绝了班禅代表的建议。

31日，藏军2 600余人集中于康巴宗境内，并占据了帕里与日喀则一带的高原及界岭。荣赫鹏声称，藏军采取不在西藏境内谈判，一旦英军前进而以武力顽强抵抗的策略，英军将在两年之内攻克日喀则，直捣拉萨。

10月11日，荣赫鹏到西姆拉与英印政府商讨大举进攻西藏的计划，并通知英国驻北京公使萨道义，要他把康巴宗谈判失败的责任完全推到西藏方面，以此为借口提出要攻打西藏。清政府提出抗议，妄图插足西藏的沙俄势力也表示不能不过问此事。英国政府慑于俄国的威势，一边虚与委蛇，表示并非有意吞并或永久占领西藏,一边积极加紧筹划侵藏事宜。

　　英军进行了精心的谋划,准备了相应的兵力和武器后,于1904年年初,正式发动了侵略西藏的战争。这就是第二次抗英战争。

　　英军盘踞康巴宗数月,在附近侦察地形,将西藏地方当局的注意力吸引到这一方向时,荣赫鹏突然率部撤出康巴宗,退回锡金北部。接着,英国迅速向隆吐山以北调集3 000兵力,由麦克唐纳少将和荣赫鹏率领北进。荣赫鹏率先头分队偷越则里拉山口,旋即经仁青岗、春丕等地,于1904年1月6日攻占帕里。麦克唐纳率大队随后跟进。

　　3月初,英国侵略军在堆纳、多庆之间的曲米香果、骨鲁等地与藏军对峙。双方僵持不下之际,英军转而施展阴谋,诡称愿与藏军就地谈判。在谈判过程中,英军使用阴谋诡计,诈称要藏军熄灭火枪的点火绳,英军将子弹退出枪膛。藏军照做。其后,双方谈判进行约15分钟时,英国军官突然掏出手枪将西藏谈判代表击倒在地。藏军因点火绳熄灭而无法还击,数分钟内即被英军射杀500多人。藏军余部奋勇同英军展开肉搏,虽毙伤敌一部,但武器装备、作战指挥落后,与敌人悬殊甚大,因而失利。

　　4月11日,英军进抵江孜,双方再次发生激战。江孜堡垒被摧毁,白居寺又被攻占。经过激战,英军屠杀了众多藏胞以后,占领了整个江孜。此战史称"江孜保卫战"。江孜保卫战从1904年4月开始到7月结束,持续了大约100天,是西藏近代史上抗击外国侵略者规模最大、最为惨烈悲壮的战斗。

　　之后,藏军前线总指挥噶伦宇妥秉承达赖喇嘛的旨意,下令组建一支僧军参战,日喀则地区包括班禅额尔德尼辖区的各寺在僧徒中挑选壮丁,组成近200人的僧

军,这支僧军义无反顾地开赴前线,英勇参战。

九世班禅十分关注战局的发展,主动向达赖喇嘛提出由班禅拉章承担四分之一的抗英军费。在英军攻到江孜时,九世班禅多次向驻藏大臣有泰咨询应采取什么样的措施来抵御英军。但有泰这位忠实地执行清政府对外屈服政策的驻藏大臣却告诫班禅不可轻举妄动,不要采取任何措施。

6月15日,英军到达曲水。达赖喇嘛为了不受英军控制,秘密逃离拉萨。十三世达赖喇嘛离藏后本拟进京觐见慈禧太后和光绪皇帝,面陈苦衷。但8月26日时,皇帝接到有泰关于达赖喇嘛出逃的报告后,公然替英国侵略者开脱,说他们带兵入藏,并没有侵占地方,把达赖的避难说成是擅离职守,携印潜逃,为此革除了十三世达赖的名号,并让九世班禅暂摄达赖喇嘛职权。十三世达赖在途中得知皇帝降旨革除了他的名号后,投诉无门,便在达赖侍读俄国人德尔智的陪伴和策动下,由青海改道甘肃河西走廊,于10月20日到达外蒙古。

对于皇帝要九世班禅暂摄达赖喇嘛职权,九世班禅清楚地认识到,如果他在十三世达赖离藏期间暂时代理其职权,只会增加他们之间的隔阂,对西藏内部的团结会带来不利的影响。因此,为顾全大局,维护西藏的内部团结,九世班禅以后藏事务繁忙,如果去前藏则会顾此失彼为由,没有接受要他去拉萨代理达赖职务的要求,仍坚持在抗英斗争第一线。

江孜失陷后,噶伦宇妥指挥藏军余部在卡惹拉、浪卡子、娘索拉、甘巴拉等地布防。7月14日,麦克唐纳率英军并供应人员共4 000人从江孜出发,向拉萨前进。17日,英军在卡惹拉遭伏击,经过激战,突破藏军千余人的防御阵地,进抵羊卓雍湖边。此后,藏军的防线基本瓦解,英军未遇到多少抵抗,于8月3日进到拉萨。

英军占领拉萨时,西藏地方政府的高级僧俗全部躲藏起来了,荣赫鹏找不到谈判对象,便让驻藏大臣有泰出面。在英国威胁和驻藏大臣有泰的压力下,西藏地方政府被迫于 9 月 7 日与英方签订了不平等的《拉萨条约》。有泰未请示清政府批准,擅自让英藏双方在条约上签字。西藏方面签字的是摄政甘丹池巴、达赖方面的三大寺代表和噶厦全体噶伦。英方没有强迫参加了两次抗英斗争的班禅方面的札什伦布寺代表签字, 为下一步拉拢班禅留了余地。

《拉萨条约》签订后, 清政府认为这个由驻藏大臣有泰擅自作主签订的条约有损中国主权, 而且也不应该由西藏与英国立约。为此,清廷决定由政府派员与英印政府谈判立约。

1905 年 1 月, 清政府派唐绍仪为全权代表前往印度加尔各答,与英印政府进行谈判。印度态度强硬,对《拉萨条约》毫无修改之意。唐绍仪在印度呆了一年,没有任何结果,只得借故回国。这场谈判直到 1906 年,清政府改派张荫堂为代表进行谈判时才出现转机。4 月 27 日,中英在北京签订了《中英续订藏印条约》,把《拉萨条约》作为附约。

在中英两国进行第二次订约谈判期间,英帝国主义者同时也策划着另一项政治阴谋。因为在发动两次侵略战争后,英国看到仅靠武力不能征服西藏,遂改变策略,转而在西藏上层人士中培植亲英势力,以达到控制西藏的目的。

在十三世达赖出走期间,英国企图对九世班禅拉拢收买,以期攫取更大利益。荣赫鹏从拉萨返印途中,将通晓藏语、熟悉藏区情况的军官鄂康诺大佐置于江孜,名为办理商务,实则为了便于拉拢班禅。

1905 年 9 月,鄂康诺率英军 50 余人,突然到日喀则

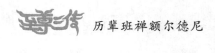

拜见班禅，声称即将回国，前来告辞。29日，鄂康诺来到札什伦布寺，以不容商量的语气提出：印度今年有一大会，英国皇太子将参加，并想见见班禅，请班禅于10月前往印度。对此，九世班禅答复说：赴印须驻藏大臣奏明皇帝准许方可前往。但鄂康诺仍强逼说不去不行，请班禅好好考虑。九世班禅只得同清廷驻后藏日喀则的官员一道向驻藏大臣有泰报告，表示不愿去印度与英皇太子会面，同时请求有泰设法让英方同意班禅不去。有泰以未得皇帝批准不能赴印度为由，告之班禅坚决不能前往，但没有采取任何有力的措施制止英方的阴谋。因此，鄂康诺再次警告班禅说，如果拒绝赴印，恐致藏英失和，言下有英军将出兵日喀则之意。

九世班禅看清了英国的虎狼居心，明白如果不去印度，会给英国借口占领日喀则和札什伦布寺，整个后藏的安危、人民的生命财产安全就会受到严重威胁；同时，他也清楚，到印度去将会危险重重。但为了稳定局势，保障后藏安全，九世班禅选择了顾全大局，置自己的性命安危于不顾，答应赴印与英皇太子会晤。

在英国胁迫下，九世班禅于10月12日启程赴印。清廷当即向驻藏大臣指出，英印政府趁达赖喇嘛没有回藏，诱骗班禅到印度，实际上是对西藏有所图谋。九世班禅赴印路经亚东时，据驻亚东靖西的清廷官员禀报称，鄂康诺带领马队随行，与押解没有什么区别。为了威胁九世班禅，22日，鄂康诺率军将班禅的母亲、舅父、弟弟以及数名僧俗官员送到帕里。

当时正在印度准备入藏的清朝钦差大臣张荫棠向朝廷禀报，他探知英国政府此次拉班禅赴印的真实目的是想诱骗九世班禅依靠英政府的力量制造"西藏独立"。

九世班禅到达印度后，英国向他赠送了厚礼。但是，班禅未为所动。班禅前去见英国皇太子时，鄂康诺要班禅跪拜，班禅大师未从，仍行执手常礼，并说："我只在大皇帝前跪拜，其余不行。"

为防止英印政府的阴谋得逞，清廷外务部告诉张荫棠和英国驻印度总督，如果英国政府通过逼迫九世班禅"干预藏事"，便可以让九世班禅亲自画押，说明英方逼令他签署的任何文件都形同废纸。

由于清廷态度强硬，九世班禅也坚持没有按照英方的意愿作出丝毫有损主权的事情，英国软硬兼施笼络班禅未获结果，不得不让班禅于当年 12 月返回日喀则。

九世班禅回到日喀则后不久，英国仍派其驻锡金行政长官贝尔访问札什伦布寺，多次会见班禅大师，企图拉拢作为宗教领袖的九世班禅，班禅仅予应付，没有作出任何允诺。这次访问中，贝尔了解到了噶厦与札什伦布寺方面有较深的隔阂。

英国见拉拢班禅收效不大，遂转向拉拢达赖系统的人员。趁十三世达赖出走，西藏地方政府内部动荡之机，英国通过其驻江孜、亚东的商务委员，同达赖系统的部分上层人士频繁接触，成功地拉拢了以夏扎班觉多吉为代表的一小批上层人员。这就是西藏地方最初的亲英势力。

1904 年，十三世达赖到达外蒙古后，清廷曾派钦差大臣从北京赴库伦看望，并带去慈禧太后和光绪皇帝赠赐的许多礼品。1905 年 9 月，清廷促达赖返藏。12 月，噶厦派人赴库伦迎请达赖喇嘛回藏。

达赖先在青海塔尔寺和五台山居住了一段时间后，于 1908 年 9 月进京面圣。达赖在北京受到妥善的接待，清政府为达赖"开复"了名号。这一年，光绪皇帝、慈禧太后驾崩，宣统皇帝即位。达赖喇嘛几次提出：西藏地

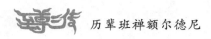

方事务重大,事事通过驻藏大臣上奏朝廷,往往误事,请求准予今后遇事由达赖本人直接向皇帝上奏,不必通过驻藏大臣,这对汉、藏同心协力保卫西藏有好处。但清室予以拒绝,坚持今后一切政务让达赖禀报驻藏大臣后,由驻藏大臣转奏。这使得达赖喇嘛十分灰心,加深了与朝廷的隔阂。

1908 年 11 月,带着对朝廷的失望心情而归的十三世达赖,离京返藏。临行前,达赖派员向英国驻华公使辞行,表达了想与英国修好的情绪。

1909 年 8 月,十三世达赖喇嘛从塔尔寺启程返藏,九世班禅专门从札什伦布寺远道赶来那曲,欢迎达赖回藏。

十三世达赖回藏以后,与驻藏大臣发生了尖锐的矛盾。在达赖回到拉萨前,驻藏大臣联豫奏请清政府从四川调两千川军入藏。清廷又宣布任命赵尔丰为驻藏大臣兼川滇边防大臣,统一对康藏地区的管辖;不久,更酝酿建立西康省,以巩固改土归流的施政成果。川军入藏和赵尔丰任驻藏大臣两事,不仅使十三世达赖产生了更大的疑虑,也导致了清廷与西藏上层之间的关系发展到尖锐对立的地步。

1910 年初,川军进入拉萨。川军进驻拉萨以后的纪律之坏,出乎十三世达赖的意料之外。驻藏大臣的卫队自恃来了大队川军,在拉萨城内殴打政府官员,并向藏军开枪,一大喇嘛饮弹身亡。尤有甚者,卫队竟然向大昭寺和达赖喇嘛居住的布达拉宫等处射击,引起城区秩序大乱,西藏各界十分恐慌。

失去安全感的十三世达赖,不得不于 1 月 16 日仓促离开刚刚返回仅两个月的拉萨,往西南方向第二次出走。达赖经羊卓桑丁寺、帕里到达亚东,直赴英国驻亚东商务委员麦克唐纳处住宿。清军仍尾追不舍,赶到帕里。达赖遂即在英国人的诱使和协助下,离开亚东,于2月下旬出国,经锡金到达印度大吉岭。

得知十三世达赖逃往印度,九世班禅也从日喀则逃出,准备去印度与达赖喇嘛会合。1910年2月,班禅到达康巴宗,在此与随从商讨去向。随从官员持两种意见:一种是主张班禅去印度,这样可以消释噶厦政府和札什伦布寺方面的前嫌;一种是让班禅大师暂住康巴宗,静观其变,先派人到印度向达赖致意问安,顺便探听达赖及其下属官员的真实意图。九世班禅采取了后一种建议,派四品官扎色瓦带着班禅的书信和礼物赴印拜见了达赖喇嘛,随后带上达赖的回信返回康巴宗。达赖喇嘛在信中表示欢迎班禅来印。尽管如此,但驻藏大臣力劝班禅不要赴印,扎色瓦也点明了达赖曾说过,如果班禅不能来印度,希望他关照西藏的政教事业,而且达赖的重要官员也说,如果班禅不能去印度,他们没有意见。于是,班禅及其随从官员返回了札什伦布寺。

十三世达赖去印度时,原有经海路再赴北京向清廷面奏藏事的意向。但是,昏聩的清廷,轻信驻藏大臣联豫的奏折,革除了达赖名号并让联豫另行寻觅达赖灵童。清廷这一错误决定,引起西藏、青海、四川、甘肃、云南以及内外蒙古各地蒙藏人民普遍的不满,促使十三世达赖打消了去北京的念头。

面对人民的强烈反感,清政府不愿收回成命,只令驻藏大臣联豫派人去印度劝说十三世达赖回来。心灰意懒的达赖回答:"名号既革,无颜前去。"并要求英国保护,帮助他对付入藏清军。

联豫劝达赖返藏不果,便邀请九世班禅前往拉萨。1911年初,九世班禅在拉萨主持了藏历新年庆典仪式和大昭法会。按照传统,一年一度的大昭法会历来都是由达赖喇嘛主持,因此九世班禅主持法会引起了外界

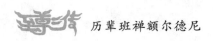

种种猜议。联豫向班禅宣布圣旨，要他"暂摄藏事"。九世班禅婉言谢绝，并向联豫建议应恢复达赖的名号，使其早日回藏。

班禅在拉萨停留了几个月后，于 5 月返回日喀则。回到札什伦布寺后，班禅派专人到印度大吉岭，给达赖喇嘛送礼，并表示慰问。

三、与十三世达赖关系破裂

1911 年 9 月、10 月，辛亥革命爆发的消息传到西藏，驻扎在拉萨的川军两次发生兵变。接着，驻防波密、江孜和日喀则的川军也哗变。川军为了抢夺拉萨贵族的财产，于 1912 年 2 月包围了色拉寺。色拉寺有 5 500 多喇嘛，而且大部分都有武器，川军围攻了两昼夜也没有攻进去，只好退守拉萨。色拉寺喇嘛和各路藏军追击到拉萨，把整个拉萨包围起来。

色拉寺喇嘛和藏军包围拉萨后，形势日益恶化。噶厦政府下令拉萨附近的藏民不准卖粮给川军，川军没有食物来源，再僵持下去，就有饿死的危险。后来，尼泊尔驻拉萨代表噶尔丹奉国王之命出面调解，迅速达成和议，川军把枪弹交给藏方，藏方允许川军取道印度回国。

之后，藏军进攻驻江孜的川军，双方达成协议。川军因将饷银挥霍一空，没有路费回去，因此，川军把枪支弹药交给藏方，换取金钱后，取道印度回国。接着藏军又向日喀则的川军进攻，战斗中流弹射到札什伦布寺，为保全性命，九世班禅避难到西藏和锡金边境的康巴宗。

这一年藏历五月初五，在英国的护送下，十三世达赖喇嘛从大吉岭启程返回拉萨。九世班禅听到这个消息以后，派大秘书噶饶、卓尼森聪等人打前站，到江孜迎接达赖喇嘛。达赖喇嘛通过电话告诉班禅，希望他到热隆寺会晤。九世班禅亲往该寺拜会。因当时拉萨战事尚未结束，达赖又搬到桑顶寺居住了几个月。九世班禅派卓尼森聪等人到桑顶寺向达赖喇嘛呈献礼品，并转交了九世班禅的亲笔信。

8月29日，十三世达赖离开桑顶寺返回拉萨。12月16日，达赖到达拉萨，举行了隆重的入城仪式。

十三世达赖到达拉萨时，内地政局已经发生变化，袁世凯当了大总统，北洋政府设立了蒙藏事务局，任命蒙古喀喇沁王爷贡桑诺布为总裁。达赖主动请贡桑诺布派人带信到北京，表达了想重新振兴教务，整顿局势的愿望。袁世凯收到十三世达赖的来信后，立即恢复了十三世达赖的名号，并封为"诚顺赞化西天大善自在佛"，同时于1913年3月颁发加封令，加封九世班禅为"致忠阐化班禅额尔德尼"。九世班禅接到加封命令后，写信给袁世凯表示感谢。

之前在1912年拉萨川军兵变，被藏军反包围时，为了稳定西藏局势，固守边防，北洋政府派川滇两军入藏。英帝国看到川滇军入藏进展顺利，立即出面干涉，向北洋政府提出五条抗议，包括中国不得干涉西藏内政；中国除驻藏官员卫队外，不得另外驻军等等。对于英政府明目张胆干涉中国内政，北洋政府提出反对。最后，在英方的压迫之下，北洋政府不得不下令川滇两军停止继续进军，同时举行谈判。英方、北洋政府、达赖方面都派代表参加谈判，班禅方面虽提出参会请求，但未得到允许。

会议在印度的西姆拉召开，从1913年10月13日开始，到第二年7月3日正式破裂。西姆拉会议上，英

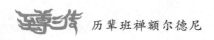

方提出了所谓的"折中"方案，即把整个藏区划分为"内外藏"两部分，西藏和康区划入外藏，中国政府要承认其自治。北洋政府拒绝签字，英方则宣布英藏两方已经签字生效，同时由于中国没签字，不得享受条约上的权利。不久，第一次世界大战爆发，西藏问题被搁置下来。

直到1919年，英国重新向北洋政府提出就西藏问题进行谈判的要求。北洋政府再次拒绝了英国在西姆拉会议条约中提的意见。

本来在十三世达赖喇嘛1904年、1910年两次离藏期间，清政府曾降旨革去其达赖喇嘛名号，令九世班禅大师代行职权。九世班禅大师虽然坚辞不就，却从此招致十三世达赖喇嘛的不满，种下了双方不和的种子。

另一件使十三世达赖和九世班禅关系恶化的事情，是十三世达赖回到拉萨后侵犯了班禅固有的地位和职权。

按照清朝中央明文规定，班禅额尔德尼和达赖喇嘛在宗教和政治上都是平等的，由清朝皇帝直接领导，班禅额尔德尼辖区也归驻藏大臣直接监督。这种历史传统一直沿袭不变。但十三世达赖喇嘛不顾历史定制，于1915年在日喀则设立基宗，任命僧官罗桑团柱、俗官木霞二人为基宗。基宗的权利很大，除了管辖达赖在后藏的所有宗谿，也强行管辖札什伦布寺的四个宗和所有谿卡，并向班禅额尔德尼辖区的百姓派粮派款、征收赋税，严重侵犯了班禅额尔德尼的固有职权和经济利益，这是九世班禅绝对不能接受的，也是班禅辖区的僧俗人民所不能接受，也承担不起的。

1915年，九世班禅就曾写信给达赖喇嘛，要求免征赋税。1916年，班禅向十三世达赖写信申诉札什伦布寺及辖区人民的困苦，并要求前往拉萨与达赖喇嘛面谈。十三世达赖回信同意面谈，但借口公务繁忙，提议把会晤推迟到第二年。班禅只得服从。但到了第二年,达赖喇嘛又突然宣布要"闭关坐静"三年,谢绝包括班禅在内的一切客人来访。

尽管十三世达赖喇嘛做出了侵犯九世班禅权益的事,但班禅为了与达赖和睦相处,于 1919 年 8 月派专人带信件和贵重礼品到拉萨祝贺达赖喇嘛圆满完成重大佛事。同年 11 月,经达赖同意,九世班禅到拉萨与达赖会晤。这次班禅到达拉萨时,噶厦方面的态度非常冷淡,达赖只派了一个代表表示欢迎,噶厦也只派了一些次要官员参加欢迎仪式,噶伦等重要官员只是在班禅的行宫大昭寺门口站班欢迎。后来,班禅去罗布林卡拜见了十三世达赖。此次会谈内容在英国人麦克唐纳所著《旅藏二十年》一书中有可供参考的记载。书中提到,九世班禅告诉麦克唐纳,拉萨政府极力用税务一事压迫他,他们认为班禅欠拉萨政府的钱太多了。班禅认为达赖喇嘛的大臣将对他不利,他对自己的前途"毫无把握"。

1921 年,噶厦政府成立军粮局,给札什伦布寺分配了承担全藏应纳款额的四分之一的军粮(大约 25 万市斤),又给札什伦布寺所属庄园牧场按抗英战争时的先例分配承担军费 10 余万两。这是班禅额尔德尼辖区僧俗民众所负担不起的,遭到班禅及其拉章的抵制。

1922 年,鉴于噶厦政府向札什伦布寺摊派的军粮赋税过重,班禅与达赖喇嘛的关系日趋恶化,班禅请麦克唐纳出面调解,不果。

到 1923 年 2 月,噶厦政府颁布了"水猪年法令"(这一年是藏历水猪年)。该法令对各地要担负的军费、赋税做了严格规定,并且重申札什伦布寺辖区应缴纳全藏四分之一的军饷,所属百姓必须按规定缴纳土地税并支应差役。

　　1923 年 11 月，噶厦政府和札什伦布寺代表约定在拉萨会谈，札什伦布寺派出驻拉萨办事处的四名官员前往拉萨就军费一事同噶厦和札什伦布寺代表进行协商，札什伦布寺派四名官员应命到拉萨后，即被扣押审讯，除一人外，都被投入监狱。当时，九世班禅在日喀则西部一个叫做介的地方的温泉疗养。四名官员的侍从逃回后向九世班禅报告了实情，九世班禅感到这是大祸临头的先兆，可能会危及他的生命，因此，他即刻动身返回札什伦布寺。

　　九世班禅看到十三世达赖喇嘛对他采取政治上挤压、经济上勒索的严重步骤，不仅他的固有地位和职权无法保持，就连生命安全也无法保障，唯有出走才是权宜之计。

四、出走内地

　　1923 年 11 月 15 日，九世班禅给四大扎仓的活佛等人留下一封信，于夜间带领侍从 15 人向北轻装出走，无人知晓。所留信件指出，由于噶厦政府的办事官员，向达赖喇嘛虚报情况，强迫班禅辖区负担沉重的军费和赋税，使札什伦布寺所辖各寺供养费日益减少，为了解决这一困难，班禅不得不到内地募化、求布施。班禅希望在他离开后，各大活佛、各位僧俗官员料理政教事务，不得额外向百姓收取租税，增加他们的负担。

　　三日后，即 11 月 18 日晚，九世班禅的索本堪布罗桑坚赞、却本堪布旺堆诺布、森本堪布甘丹饶杰、古家堪布罗桑班丹及仆役共 100 多人，乘月夜逃走，追赶班禅。一直追赶了五个昼夜才与九世班禅会合，然后一起向藏北羌塘前进，打算由那里越过唐古拉山，进入青海境内。

为了避免日喀则基宗发觉，班禅作了必要的安排。因此，一直到九世班禅一行出走数日后，噶厦政府驻日喀则的基宗才发现，基宗立刻派人连夜赶到江孜，通过英国人办的邮电局，向噶厦政府报告了班禅出走的情况。按照常理，从日喀则出发，应该从东北方向，经那曲，翻过唐古拉山才能到达青海。因此十三世达赖喇嘛派出的一千多追兵朝着东北方向的那曲追赶。而九世班禅的路线却是由日喀则往正北方向的藏北羌塘无人区，所以追兵没有发现班禅一行的踪迹，一直追到唐古拉山，遇上大雪封山，无奈之下只得返回。

于是，十三世达赖派古觉大堪布罗桑丹增为札什伦布寺的札萨克喇嘛，代理班禅的职务，管理札什伦布寺的日常政教事务。班禅所属的各宗宗本、各谿卡谿本，也全部换了噶厦政府派去的官员。这样一来，班禅辖区便完全由噶厦政府直接统治。

九世班禅一行逃出西藏，进入到青海境内后，尽管脱离了被追捕的险境，却又陷入了食物缺乏的绝境。虽然班禅一行出走时带了足够的金银作路费，但仓促间没有带足够的食物。他们进入青海后到达一个无人区，没有牧民，买不到任何东西。为了不坐以待毙，班禅派出先遣队探路。1924年1月11日，先遣队到达有商人来往的东普染之地，随即3名先遣队员由原路返回迎接。

半个月后，正当班禅一行逐渐陷入绝望时，在子聪草坝遇到了由西藏返回外蒙的外蒙古哲布尊丹巴的佛师孝珠堪布和索本堪布罗桑图丹。他们有大批的骆驼，驮着充足的食物，班禅一行与之会合同行，得到了他们提供的食物，这才使得班禅一行脱离了绝境。应蒙古王公的请求，九世班禅为他们进行了长寿灌顶。随后，班禅派德匡巴夏堪布前往西宁，向西宁镇守使马麒致敬问候。到达柴达木盆地时，库鲁王等一千余名僧俗信众前来迎接，供献了百头骆驼，换下班禅一行的乏弱骡马、骆驼送到香日德牧地喂养。九世班禅为库鲁王他们进行了长寿灌顶。

1924年3月20日，九世班禅一行到达甘肃省极西部的安西县。班禅一行在安西县停留下来，受到了安西县长的热情接待，并立即电告兰州督军陆洪涛，陆洪涛又立即报告给北洋政府。北洋政府得到消息后，开会研究接待事宜，决定按清朝乾隆皇帝接待六世班禅的前例和规格，隆重迎接班禅到京；指定了蒙藏院总裁贡桑诺尔布等筹办招待事宜；同时命陆洪涛派人先护送班禅到达兰州，听候命令；班禅沿途的一切供应均由当地政府负责。

陆洪涛接到指示后，命安西县县长亲自护送班禅到兰州。阴历五月五日，班禅一行在平番县过端午节，并派索本堪布罗桑坚赞办理前站事务。

5月9日，九世班禅额尔德尼抵达兰州，甘肃督军陆洪涛率领官员、军队数千人在兰州郊外迎接。班禅经过的街道都用黄布铺路，准备让班禅下榻的雷坛寺行辕内用黄锻装饰，扎上了彩色牌坊，气氛十分庄严隆重。北洋政府大总统特派的"迎护专员"李乃棻带领卫队百余人来兰州欢迎，并宣布大总统赐给九世班禅"致忠阐化"的封号和金册、金印。13日，九世班禅命却本堪布和大堪布噶金曲培带着问候大总统曹锟的信函和哈达、长寿佛像等礼物，前往北京面呈大总统。

在兰州期间，西宁镇守使马麒所派代表和塔尔寺执事以及拉卜楞寺嘉木样活佛等相继前来致敬，并邀请班禅前往本寺传法。班禅因准备进京没有同意，派古家堪布罗桑班丹作代表，到西宁向马麒致谢，并献特制金灯供养宗喀巴宝塔，布施塔尔寺僧众。6月，在雷坛寺举行法会，传授绿度母长寿佛灌顶法。

8月初，班禅从兰州启程去北京，李乃菜等人作为护送专员，率兵保护。途经陕西，遇到陕西内战，见到沿途尸横遍野，班禅动了恻隐之心，为死者诵经超度。12月10日，班禅经过咸阳，到达西安。

沿途的所见所闻，促使了深明大义，热爱祖国，在政治上有远见卓识的九世班禅额尔德尼在内地今后的日子里，为了弘扬佛法，振兴国家，拥护"五族共和"，促进民族团结，为了呼吁各方停止内战，团结救国而做出了卓绝不朽的贡献。

五、在内地弘扬佛法

1925年2月，班禅在京期间，于雍和宫法轮宝殿传授《三昧耶戒》、《无量寿佛灌顶法》以及绿度母和时轮法的开示。内外蒙古的王公和僧俗群众前后共有数万人纷纷来到北京对九世班禅顶礼膜拜，盛况空前。

3月，浙江巡阅使孙传芳及各界人士邀请九世班禅前往浙江，班禅因身体抱恙未能立即启程。

4月5日下午4时，班禅带领大堪布罗桑、土观、章嘉等人，由段祺瑞所派达寿、祺诚武、熙钰，蒙藏院所派李铣等八人陪同，乘专列南下，经南京、上海，于9日到达杭州，孙传芳和浙江省省长等亲到车站迎接。班禅下榻西湖杨公祠。15日，应杭州佛学会之请，在杨公祠传授《长寿佛心咒》、《文殊菩萨心咒》、《观音菩萨心咒》、《金刚菩萨心咒》，讲述五戒。18日，在灵隐寺朝佛。在此期间，班禅接见了各界客人，拜会了杭州军政要员，为膜拜者摩顶，并为浙江地区的幸福诵经。

　　九世班禅一行在杭州做完佛事后，离开杭州返回上海。在上海总商会僧俗各界的欢迎会上，班禅宣讲了皈依佛法的意义，并传授了《释迦牟尼心咒》。

　　5月9日，班禅大师乘船前往普陀山朝佛。

　　1925年5月10日、11日，九世班禅在普济寺施千僧斋一堂，给1 400多山僧"摩顶"，广放布施，每僧得银元2枚。12日，班禅在普济寺讲经，为参加的2 000僧众讲述生老病死和戒定慧等佛法理论，并传授《度母心咒》和《观音大士咒》，告诫僧众："宜虔修苦行、参悟内典，种善因者必得善果各自修省以迓天庥。"13日，班禅大师前往法雨寺，参与瓯海道所属官绅各界欢迎会，他在大殿为大众祈福，并默祷世界和平。14日，班禅前往佛顶山诵经。15日，班禅在离山前分颁礼物给各个寺院，并接待访客。临别，班禅又赠3 000银元给普济寺作香火钱。下午，班禅大师乘船离开普陀山。九世班禅离开普陀山后不久，派人送来一块碑，名为"班禅碑"。碑文用汉、藏文写就，题目为《礼观音》："海中山岛真古奇，巅上多有慈航法。鄙等生灵有何孽，恳祈观音消其罪。"

　　5月17日，班禅乘火车经北京到大同，由那里改乘汽车前往五台山朝佛，在五台山闭关修持21天，念诵白度母经，并布施僧众。九世班禅在五台山住了三个多月，给各寺放了布施。

　　1927年，班禅在沈阳过农历新年，并与溥仪会晤。4月，班禅大师应达尔罕王的邀请，赴温都王庙传法诵经，给当地群众摩顶。6月，班禅到汤然寺传法。

　　第二年年初，班禅大师赴汤拉寺诵经传法后，闭关修持半个月，诵《马头明王经》。这一年，九世班禅继续在东蒙各地进行佛事活动。4月15日，班禅大师在杨王庙首次举行时轮金刚的灌顶法会，参加法会的蒙古族群众达十七万之众,供养的金银、牛羊无数。法会圆满结束后,蒙古族信徒表演马技感谢班禅大师的传法。6月,应东蒙十旗王公及札萨图王之请,九世班禅在札萨图庙举行第二次时轮金刚大灌顶法会,约八万四千蒙古族群众参加。7月,应锡林郭勒盟十旗请求到锡盟传法。9月,班禅大师来到阿巴嘎草原讲经。10月8日,班禅大师抵达东乌珠穆沁旗,传授长寿佛灌顶法。19日,前往西乌珠穆沁旗,沿途所经寺庙,均予供养三宝、宣讲佛法,并校订法式,以符合佛教教规。11月,班禅大师光临贝子庙(锡林浩特)并在此住了较长一段时间。

1930年2月,经驻南京办事处申请,获准在办事处附设西藏补习学校,训练青康藏有志青年。8月1日,班禅应索朗绕登盟长之请,在西乌珠穆沁旗举行第四次时轮金刚法会。9月,应白仁大王邀请,九世班禅前往该王府传授白伞盖灌顶法等。10月,班禅大师驻锡西乌珠穆沁旗的霍勒图寺。

1931年6月5日,班禅大师应戴季陶、王用宾等居士之请,到宝华山隆昌寺讲经说法,宣讲了《六字大明真言》。

8月,九世班禅到达呼伦贝尔,驻于海拉尔都统衙门。进入蒙古族地区后,沿途接见各王公贵族和前来顶礼膜拜的僧俗群众。在海拉尔,为该地僧俗群众传授《马头明王金刚灌顶法》,为他们摩顶,宣传佛教平等观念。9月18日,九世班禅大师乘车前往甘珠寺(在今内蒙古新巴尔虎左旗),向当地僧俗群众传授《无量寿佛灌顶法》。一周后,班禅返回海拉尔,时逢从俄国逃来的布里亚特蒙古族前来膜拜,班禅为他们传法后命人将他们安置以示怀柔。在新宜寺传法时,该寺的蒙古族僧侣恳请班禅大师派一名堪布主持该寺的事务,于是班禅大师命龙吉堪布洛布留下。

当时发生了"九一八"事变，日本人侵占东北。为避免被日本人扣留，班禅大师在海拉尔官员的护送下从海拉尔西行，经外蒙古旷野疾行12天后，到达东乌珠穆沁旗王府，为僧俗群众诵经、摩顶，并犒赏海拉尔护送官员，同时写信给各旗表示感谢。之后又到西乌珠穆沁旗和东浩济特旗传法。

11月，应德王之请，九世班禅到苏尼特右翼旗唪经。班禅在草原讲经期间，锡盟各旗王爷集资十万银元，在苏尼特左旗滂江和乌珠穆沁右旗为其建筑了两座佛寺行宫。

1932年，九世班禅被国民政府任命为西陲宣化使，宣化青海、内蒙等地。这年，班禅大师应德王邀请，到王阶寺讲经。九世班禅集中千余名僧人在百灵庙建法坛念经，祈祷和平。是年7月，由云王及各旗王公为施主，班禅大师在贝勒庙举行了第五次时轮金刚法会，参加的蒙古族群众约三万七千余人。这是九世班禅在内蒙古地区举行的最后一次时轮金刚法会。

7月，戴季陶写信请班禅大师到北京为马福祥委员长诵经超度，并翻译《大藏经》。班禅大师于8月9日回到北京，张学良、吴佩孚、段祺瑞等各界代表到车站迎接。25日，应段祺瑞、吴佩孚、朱庆澜等人及北京各佛教团体之请，九世班禅在故宫太和殿举行了时轮金刚法会。这是班禅大师在内地举行的第六次大法会。法会期间，除僧俗百姓之外，还有段祺瑞、吴佩孚夫妇、张学良、孙传芳、朱庆澜、曹汝霖等社会名流及海外记者参加。戴季陶赠送给班禅大师藏式白缎伞罩一柄，上有"法轮常转，佛日增辉"八个字，是戴季陶夫人亲手绣制。

1933年1月12日，应戴季陶夫妇及王一亭、黄慕松等人的邀请，九世班禅大师在南京宝华山护国隆昌寺玉佛殿，传授《药师七佛灌顶法》，并讲经说法。15 日，灌顶仪式结束。班禅大师提出：今后每年公历的 1 月 15 日为药师佛供养法会，按年举行。

1934 年 2 月，杭州居士段芝泉、王一亭、屈映光、冯仰山、关炯之、杜月笙、黄金荣、张啸林等人作为施主，在杭州筹建时轮金刚法会，派代表前来南京邀请班禅大师赴杭州主持法会。3 月，班禅大师到达杭州后驻锡灵隐寺，并在灵隐寺主持举行第七次时轮金刚法会，参加法会者约七万余人。26 日，班禅大师在法会上作了以《十波罗密与十恶》为题的长篇演讲，为参加法会者做灌顶前的准备。第二天，九世班禅大师以《佛教与总理遗教的平等观》的讲演，作为时轮金刚法会的开幕词。从 28 日起，班禅大师正式为信众灌顶，由刘家驹译为汉语，向全球广播。每天听授佛法者有数万人，风雨无阻。到 4 月 3 日，灌顶仪轨全部结束，功德圆满。班禅大师以《发菩提心团结救国》的讲演作为法会的闭幕词。8 日，班禅在灵隐寺内禅堂为 70 人传授非常灌顶法。期间，九世班禅捐赠大洋 1 000 元予灵隐寺维持生活，并嘱咐每年 3 月 15 日作功德一天，虔诚祈祷和平。

1935 年 8 月 13 日至 9 月 15 日，应塔尔寺法台甲耶活佛、僧官郎曲达及该寺三千僧众的请求，正积极筹划回藏的班禅大师在塔尔寺举行了第八次时轮金刚法会，参加的蒙藏各族群众大约有五万人。

1936 年 7 月 4 日，班禅大师到了拉卜楞寺，由嘉木样呼图克图为施主，举行了第九次时轮金刚法会，参加法会的蒙藏群众约六万多人。这是班禅到内地以后举行的最后一次时轮金刚法会，也是他一生中举行的最后一次时轮金刚法会。

除了举行时轮金刚法会外，九世班禅每到一处，都为当地僧俗群众诵经、讲法、摩顶。只要有寺院邀请，班禅大师都去弘扬佛法。

在内地期间，班禅大师遍历我国南北各地，举行法会，发表演讲，为弘扬佛法，振兴国家，促进民族团结作出了卓越的贡献。

六、维护和平统一

九世班禅到达内地的时候，正是国内军阀混战时期。班禅清楚地认识到，帝国主义列强仍然没有改变瓜分中国的野心，在这个关系中国生死存亡的时候，发生内乱只能给帝国主义以可乘之机，只能给全国人民带来更加深重的灾难。同时，如果不解决好西藏问题，则不利于国家的统一。因此，班禅到内地后，极力为维护中国的和平、统一，促进民族团结而奔走呼号，奋力不懈。

九世班禅在西安停留期间，我国北方发生了直奉战争。大总统曹锟下台，段祺瑞临时执政。九世班禅致电张作霖、吴佩孚，调节直奉两系军阀之间的矛盾，并分别致电武昌的萧耀南、开封的岳维峻，请他们出面调停。

1924 年 12 月 29 日，九世班禅在西安通电全国党政军等各方面领导人，承认西藏是中国领土的一部分，同时呈请各军事首领停止纷争，致力建设，拥护五族共和及国家统一，呼吁停止内战、团结救国、共保和平。这是九世班禅到内地后第一次公开表明他的政治态度的宣言，具有十分重大的意义。

班禅在电文中说："共和布政，五族归仁，布岭萨川（指西藏），同隶禹甸。班禅此次由藏入觐，跋涉艰辛，行抵西安，时越两稔，比闻政局变更，全国震撼，段公出肩钜任，诰告革新，中道闻风，同深欣幸！惟款款之愚，有不得已于言者。我国值风雨飘零之际，正危急存亡之秋，亟应速息内讧，力图上理。向者烽烟未靖，风鹤频惊，同室操戈，既贻煮豆燃萁之诮；渔人伺利，将成摘瓜抱蔓之非。唇既亡而齿自寒，皮不存而毛焉附？非惟中原锦绣，同蹈陆沉，且虞边塞藩篱，亦供刀俎。忧心焦虑，惴惴滋深。班禅身受国封，与同休戚，年来受外界之刺激，见沿途闾里之萧条，知战祸不可再延，元气亟宜休养，所望彻底觉悟，共保和平，免阋墙之纷争，谋根本之建设。俾共和真谛，广被重藩；劫后残黎，稍苏喘息。谨为虔奉馥香，同祝国祚灵长于无既矣！”

1925 年 2 月 1 日，北洋政府召开了善后会议，邀请西藏地方代表出席。达赖方面由顿柱旺结为代表，班禅方面由大堪布罗桑坚赞参加。班禅在“致善后会议的函”中敦促与会各方尽释前嫌，“一心想中国往好处走，自然五族共助，人同此心，从此财政富足，民生安乐”，希望会议代表以此次会议“乃国家之公事，非一人、一家、一党派、一地方之私事”为出发点，“各本公心，通盘计划，利民福国，均系此乎”。会议期间，班禅还向大会致送了“消弭战祸实行五族共和”意见书，号召“弭止地方战争”，五族人民“联合一致”，“同心合力”，“共同治理，共进文明”，共建五族共和国家。

1925 年 7 月底，段祺瑞派敏珠尔呼图克图和董士恩为专使，前往五台山迎接在那里修持的班禅回到北京，下榻中南海瀛台。8 月 1 日，段祺瑞命内务总长龚心湛为册封正使、蒙藏院总裁贡桑诺尔布为册封副使，持金册金印，来瀛台颁给九世班禅额尔德尼“宣诚济世”的封号。第二日，班禅前往执政府向段祺瑞致谢。段祺瑞在怀仁堂设宴招待。临时政府批准班禅在福佑寺设立驻京办事处。九世班禅于第二年的 9、10 月份，分别派阿旺金巴赴成都筹建班禅驻川办事处，派却本堪布等赴青海组建班禅驻青办事处，为与印度联络，组建了驻印通讯处。

1926年，国内战事又起。张作霖和吴佩孚联合把冯玉祥及部众挤出北京，临时执政段祺瑞也在此次内战中下台，张作霖入京，自称"大元帅"。面对国内再次发生的内战，4月5日，九世班禅通电全国，呼吁和平，并派却本堪布谒见吴佩孚等人进行疏通。

5月12日，九世班禅在北平会晤张作霖、吴佩孚，呼吁和平。后来，班禅也几次写信给吴佩孚，希望停止内战。

1928年3月，国民党在南京成立国民政府。九世班禅派罗桑坚赞和朱福安等到南京表示庆贺，与国民政府正式建立了联系。17日，听闻张作霖在皇姑屯被日本人炸死，班禅为之诵经超荐。该月，驻青海办事处正式成立。

之后，南京国民政府改组，由蒋介石出任主席。国民政府成立了蒙藏委员会，主管蒙古与西藏的事务。同时，批准班禅在南京成立驻南京办事处，班禅任命罗桑坚赞和朱福安为驻南京办事处正副处长。九世班禅大师在其驻南京办事处的成立宣言中，向"最亲爱之中华民国五族同胞"揭露帝国主义侵略和分裂西藏的阴谋。他指出："征诸历史与地理上之关系，西藏欲舍中国而谋自主，实不可能；反之中国失去西藏，亦犹车之失辅。"他用辅车相依，唇亡齿寒的成语来比喻汉藏两个民族谁也离不开谁的道理，是非常贴切的。1928年8月，经张学良批准，在沈阳设立了驻奉天办事处，任命巴西堪布为处长。

1929年1月11日，班禅驻南京办事处成立，并发表《班禅驻京办公处成立宣言》、《班禅驻京办公处组织表》和《班禅驻京办公处办事细则》。

　　班禅在蒙古草原期间，国内又发生了内战。作战双方是蒋介石和冯玉祥、阎锡山、李宗仁。班禅又通电南京中央党部、中央政府、各院部会、各总司令等，呼吁和平。电文说："从国民政府成立以来，合全国为一家，结十余年纷争之局，愿从此救众生倒悬之苦，发仁王爱国之心。"

　　1930年，据说因尼泊尔商人拒绝向噶厦政府纳税，被达赖喇嘛下令拘捕，尼泊尔政府下令全国动员，要向西藏大举进攻。九世班禅知道此事后，立刻于4月17日写信给蒙藏委员会，请求回藏弭止尼藏战争。国民政府对班禅大师提出的要求，经研究拟定三条意见：由中央派两名官员分驻前后藏，办理外交及重要政务，并节制驻藏军队，一切藏务由该官员按中央规定执行或向中央报告；班禅应声明所有西藏的外交军事都要由中央政府主持，政治上的改革计划要与驻藏办事大员商量；如班禅能遵照执行，则由中央政府派兵护送回藏。但时值康藏纠纷爆发，九世班禅回藏问题再次搁浅。

　　6月、7月，九世班禅两次致函蒋介石，请他关心藏事。在此期间，十三世达赖曾主动命令他驻北京雍和宫的堪布贡觉仲尼和派驻五台山的堪布罗桑巴桑，先后到南京见蒋介石，表达达赖喇嘛不亲英人，不背中央，愿意迎接班禅回藏。9月18日，蒋介石写信给十三世达赖，表示已经命蒙藏委员会妥善解决西藏问题。十三世达赖承认西藏是中国领土的一部分。

　　12月17日，九世班禅大师派人送信给张学良，希望能与之会晤，请教回藏的方略和能否去西宁等问题。

　　1931年2月，张学良派人迎请九世班禅到沈阳，驻锡一个月。因国民政府有命令，请班禅大师前往南京参加国民会议，班禅从沈阳到北京中南海休息一段时间

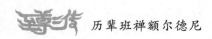

后，于 5 月 4 日行抵南京。

第二天，班禅大师由考试院院长戴季陶陪同，拜会了蒋介石、胡汉民及中央党部与院部会长官，并且参加了中央党部总理纪念周演讲会，发表了《希望国人认识西藏》的讲演。当天，班禅参加国民会议，在会上致了简短的颂词："……班禅蒿目边情，倾诚内款，思启政府之远图，迅拯藏民于涂炭，南北驰驱，心力交瘁。近以藏康众民，纷呼和平，益深普度之怀，弥动恤怜之念，伏望诸公宏纾伟议，整顿边疆，本总理济弱扶倾之训，巩国家主权领土之基，重张上国之声威，勿弃西方之宝藏，是则班禅所额手称庆，虔心祷祝者也。"

5 月 10 日，班禅大师在南京新亚细亚学会第三次会员大会上作了题为《西藏是中国的领土》的重要演讲。班禅大师通过历史上唐、元、明、清时期内地中央王朝与西藏地方的隶属关系说明西藏是中国的领土。九世班禅同时指出，作为中国领土一部分的西藏如果被帝国主义侵略者侵占，则无异于门户被毁，有唇亡齿寒之忧。如果要保护中国的领土，使蒙藏与中国团结成整个民族，则必须要由中央政府，乃至全国国民一致努力。班禅的演讲不仅从历史上肯定西藏是中国领土，而且希望西藏地方早日恢复与国民政府之间正常的隶属关系，中国各民族应该团结起来，共同抵抗帝国主义的侵略。这也是班禅到内地，多年一直奔走、呼吁，所希望达到的目的。

16 日，班禅大师写信给蒋介石，一是希望中央政府派遣两名熟悉边情，颇有声望的官员分驻前、后藏，管理西藏地方事务；二是希望早日恢复西藏与中国的主权领土关系，废除当初英印政府与西藏地方擅自签订的密约，不准英国干涉藏事，即中国的内政。

6 月 12 日，戴季陶向国民政府递交"国民政府考试院请加给达赖、班禅名号"的呈文。文中写道:"……达赖、班禅均精通教理,了澈世谛……拥护中央,矢忠民国……班禅居心仁厚,陈义忠贞;而对于教理、教义,尤能阐发精微。至于达赖喇嘛,贤虽未见其人,然据班禅所述,修持精严,义理洞澈,亦属不可多得……请给予达赖护国弘化普慈大师,给予班禅护国宣化广慧大师名号……"蒋介石批示:"先发表班禅称号,达赖暂缓。"

24日,国民政府颁发命令:"班禅额尔德尼志行精诚,翊赞和平统一。此次远道来京,眷念勋劳,良深嘉慰,着加给'护国宣化广慧大师'名号。"当日,班禅大师写信给蒋介石表示感谢。

7月1日上午10点,在国民政府参军处礼堂举行册封"护国宣化广慧大师"称号典礼,宣读封文,赐玉印玉册。

8月,班禅大师乘车前往北方避暑。29日,在海拉尔传授佛法时,接见了当地要员及俄、日人士,宣传佛教平等观念,向蒙古族群众宣传五族团结、保卫国土的道理。9月5日,在海拉尔蒙古族僧俗大会上,班禅大师发表了一篇名为《一致团结保全领土》的讲演。

同年9月18日,国民党政府参谋本部在南京召开有四川、云南、青海、甘肃、陕西五省军事代表参加的"西防会议"。班禅额尔德尼向会议提出解决西藏问题的十二条办法,主要内容包括:1.西藏绝对服从中央;2.所有西藏与外国人缔结的条约,凡未经中央承认者,一律无效;3.西藏外交应由中央主持;4.进攻西康之藏军应立即撤退,并迅速组建西康政府;5.达赖扣押的后藏人员,应立即释放;6.请中央派大员赴前后藏主持一切;7.请中央划清西康与前后藏的地界,并立界址,以资遵守;8.达赖主持前藏、班禅主持后藏,政教分清,彼此互不侵犯;9.班禅在未返藏前,应将青海、锡盟拨归班禅,以作教徒居住之所;10.在班禅未返藏以前,请中央按照前议,每月拨给10万元费用;11.请中央准其编练卫队两团,并供给枪械、饷项;12.请中央拨发无线电机五架,及长途汽车二十辆,以便灵通消息,改进蒙藏交通。九世班禅的上述言论,充分反映了他心向祖国,坚持西藏是中国领土,反对帝国主义侵略,维护国家主权和领土完整的坚定立场,维护中央政府权威的决心。爱国深情溢于言表。

接近年末时,四川金川地区藏族内部发生纠纷,班禅派贡敦扎西为班禅驻康定办事处处长,负责调解金川藏族的内部纠纷。

1932年10月,国民政府蒙藏委员会石青阳、李培天、陈炳光等人受林森委托前来北京,为任命九世班禅额尔德尼为西陲宣化使事宜,迎接班禅大师前往南京。29日,国民党中央委员会在国民政府大礼堂,举行西陲宣化使就职典礼。国民政府主席林森授印,并致训词:"西陲与中央往日原有隔阂,今后望宣化使能以中央意志,宣导西陲,共同努力,置国家于盘石之安。宣化使启节西行时,更望沿途以宗教力量,阐扬总理的三民主义,推行遗教"。秘书长刘家驹译读了班禅大师的答词:"班禅辱蒙政府任为西陲宣化使,自惭樗栎之材,无济时限,但救世之愿,未敢稍懈,今聆训诲,欣感无已,自当竭尽忠诚,宣扬德意,振导祥和,团结五族,以报中央。"

九世班禅大师出任国民政府"西陲宣化使"后,奔走于我国东北、内蒙古、甘肃、青海等满族、蒙古族和藏族地区,宣传"五族一家"的精神,致力于维护国家统一,呼吁政府和全国同胞"群起注意藏事","贯彻五族共和,共同抵御强邻之侵略"。

当时蒋介石有意解决班禅大师回藏问题,为探知达赖和噶厦的态度，蒋介石让九世班禅派安钦呼图克图、王乐阶等人从南京出发，经印度前往拉萨，进行试探，并作解释说服工作。

1933 年，由于达赖的代表贡觉仲尼、阿旺扎巴、阿旺坚赞、曲批图丹等人都在南京，国民政府认为这是商洽西藏问题的绝好机会，于是要求达赖、班禅双方提出解决西藏问题的书面意见。班禅方面提出了解决西藏问题的十六条意见和三条先决条件。三条先决条件为：以后凡汉藏各界人等及班禅需要物品，准许自由出入藏境；后藏人民除后藏正供外，不得有额外苛派等情事；前被拉萨监禁之班禅亲属亚西贡觉古旭即行释放来京。十六条意见主要内容包括：恢复中央和西藏的固有统属关系，成立西康省政府，西藏的军事、外交等统归中央主持，政府派两名官员分驻前后藏；允许内地和西藏人民自由往来；划清前、后藏的界限；释放前藏逮捕的后藏官民，发还没收的财产；中央政府指定班禅大师驻锡青海或西康等地，并发给年俸等，与前面十二条意见基本一致。

而达赖方面则迟迟不提出书面意见，拖了两个月后，贡觉仲尼等人才呈上"西藏三大寺僧俗官员及民众全体之宣言"一份，历数九世班禅"罪状"，并对班禅进行人身攻击。同时提出要求：收回班禅名号及新授职位；查禁班禅储藏的军火，并将班禅暂留北京；取消给班禅的俸银和招待费；裁撤班禅各地办事处。

班禅堪布会议厅的官员，见到达赖方面的"宣言"后，非常生气，在未征得班禅大师同意便发表了历数十三世达赖"十大罪状"的宣言，予以还击。班禅大师知道后，并不同意这种做法，因为他清楚地认识到，这样做不利于大局的安定团结。

国民政府看到达赖、班禅双方的意见差距很大，只得将西藏问题暂时搁置下来。

在 1933 年 12 月 17 日，发生了一件十分意外的重大事件。这天，年仅 58 岁，平时身体康健的十三世达赖不幸在拉萨圆寂。

九世班禅大师听到这个消息后，万分悲痛，立即通电国内各寺院，共诵大经，追荐志哀七日。同时，班禅大师自己捐献大洋七万三千二百元，以供西藏、青海、西康、内蒙各地寺庙喇嘛诵经费用。接着，班禅大师接到国民政府来电，请他到南京参加追悼十三世达赖的各项活动。

九世班禅遂于 1934 年 1 月 24 日到达南京，并于 2 月 14 日参加了由南京各界举行的十三世达赖喇嘛追悼大会。追悼大会分三处进行：国民政府在考试院设追悼会场；班禅大师率领喇嘛 15 人，在远明楼诵藏经祈祷，一共十日；各寺高僧 48 名，在鸡鸣寺诵汉经追荐，共三日。

国民政府这次让九世班禅到南京，除了参加追悼十三世达赖喇嘛的各项活动外，还选举他担任国民政府委员。2 月 20 日，在国民政府大礼堂，举行了九世班禅出任国民政府委员的就职典礼，班禅大师发表了演说："……数年以来，班禅屡次受政府之厚遇，此次又蒙中央选任为国民政府委员，今后益当竭尽至诚，仰体总理天下为公之心，推行主义，弘扬大法，以期弼成国家之统一，建设人民之幸福，促进世界之和平……"之后，班禅大师参加了国民政府召开的四中全会。这是当时西藏地方民族宗教领袖人物在祖国中央政权中担任要职的第一人。

九世班禅在南京停留期间，两年前被派往拉萨试探达赖和噶厦关于班禅回藏态度的安钦呼图克图、王乐阶以及后藏僧俗代表共 56 人到达南京，向班禅报告了噶厦政府欢迎班禅早日回藏，并答应把札什伦布寺的政教大权交还班禅。班禅再次派王乐阶等人二次进藏，筹备迎接事宜。这时，英国驻华公使贾德干及领事勃朗特等人突然前来谒见班禅，提议班禅由印度回藏。班禅拒绝了他们的提议。

此后，西藏及其他藏区的僧俗民众纷纷要求九世班禅额尔德尼回藏主持藏务。班禅大师便决定尽速返回西藏，完成他始终不渝的夙愿。

七、号召团结抗日

1931 年，日本帝国主义大规模侵略我国东北，由于蒋介石采取不抵抗的卖国政策，命令张学良率部撤入关内，东北三省旋即沦陷。在外敌入侵、祖国危难的关头，目睹了日寇暴行的九世班禅额尔德尼义愤填膺，自觉站到反对日寇侵略的前线，呼吁团结，共赴国难，赶走侵略者。

1932 年 3 月，九世班禅应乌兰察布盟盟长云王之请，在绥远贝勒庙（即百灵庙）讲经，集中千余名僧人建法坛念经，祈祷和平，并追荐为抗日救国献身的将士，向民众宣传抗日救国的道理。

6 日，吴佩孚电告班禅大师，请他向各蒙古王公详陈日本侵华的利害关系，让他们巩固边防。班禅大师回电表示已经向各旗王公做了传达。

1933 年 3 月 16 日，九世班禅额尔德尼在百灵庙向国民政府、军事委员会等发出了声讨日本帝国主义侵略行为的"抗日通电"，指出："……近闻暴日不顾公理，蔑视盟约，依其武力攻我榆热，揆彼用心，无非欲实现大陆政策之阴谋。现我军民实至忍无可忍，官兵义师，

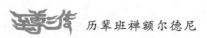

前仆后继，为自卫而抵抗，为正义而舍生，救国热忱中外咸钦。班禅宣讲国难中应尽之天职，化彼惶恐观望之心理，实行团结，共赴国难。离辕较远者，或派人游说或分函告诫，令饬各地蒙军加意防范，严守疆土并密查敌方派来之蒙奸，避免沦陷旗下煽诱良民。幸各王公深感大义，先后复函，誓愿执戈报国，共驱倭奴。班禅目击时限，忧愤无已，虽身属空门而于救国图存之道，何敢后人。除召集当地蒙藏喇嘛千余，自三月一日起在百灵庙虔诵藏经，恣施供养，建立法坛，祈祷和平，并追荐前方阵亡将士，藉佛力之加被，弭战祸于无形。"

同年，班禅大师在乌珠穆沁旗听闻日军西进，便召集僧俗民众宣讲只有团结抗日，拥护中央，才能保家卫国。

此后几年，虽然九世班禅额尔德尼的大部分时间致力于传经讲法，积极筹划着回藏事宜，但班禅大师一直借传经、集会等机会号召各界人士团结抗日，保卫家国。

由于九世班禅在内蒙古地区宣化卓有成效，1933年10月18日，国民政府通令嘉奖："护国宣化广慧大师、西陲宣化使班禅额尔德尼，矢忠党国，愿力恢宏。前膺宣化使命，寒暑遄征，勿辞劳瘁。上以阐扬中央之意志，下以激发蒙族之忠忱。德音广被，畛域胥融。顷者国难未已，疆隅多故，该使力镇危疑，维系边局。眷念勋勤，尤深嘉慰。特予崇褒，以彰殊绩。"

1937年"七七"事变发生后，中国抗日民族解放战争拉开了帷幕。7月15日中国共产党公布国共合作宣言，提出发动全民族抗战，实行民主政治和改善人民生活三项基本要求。共产党的抗日民族统一战线主张日益深入人心，全国抗日救亡运动不断高涨。

8月13日，日本侵略军大举进攻上海，国民党被迫实行对日作战。九世班禅额尔德尼在玉树举行法会,祈祷抗战胜利,追荐壮烈牺牲的将士的亡魂,并用藏、汉文发表《告西陲民众书》,号召蒙藏僧俗人民积极参加抗日战争,共赴国难。

日寇侵占北京、天津、上海等大城市后,抗战形势日趋严重,此时的九世班禅大师虽然卧病在床,也立即从玉树行辕捐献 3 万元,购公债 2 万元,还动员行辕全体同仁踊跃捐款,汇集前方,慰劳抗战将士及救济伤兵与难民,并在玉树寺诵经祈祷抗战早日胜利。

在班禅大师的呼吁和号召下,藏族人民以种种方式支援了祖国内地各族人民的抗日斗争。

八、抱憾辞世

自十三世达赖喇嘛圆寂后,西藏及其他藏区的僧俗民众纷纷要求九世班禅回藏主持藏务。

1935 年 5 月 20 日,班禅大师到西宁暂住塔尔寺,与青海省主席马步芳商谈取道青海回藏问题,取得马步芳同意。九世班禅本以为十三世达赖圆寂后,他可以顺利回藏,然而事与愿违,他遭受的阻力更大了。

1935 年 5 月 29 日,国民政府册封热振呼图克图为"辅国普化禅师",统摄全藏的政教。年仅 20 岁的热振缺乏政治经验,西藏的亲帝分离势力更加嚣张。

6 月 18 日,国民政府行政院对班禅大师提出的回藏计划作出了答复,决定拨款一百万给班禅作回藏旅费和预备费,派五百卫队官兵和中央政府官员护送班禅大师回藏。

这时,班禅大师第二次派去西藏探听噶厦意图的安钦呼图克图和王乐阶从西藏返回西宁,得知国民政府的决定后,向班禅报告说,噶厦政府已决定派僧俗官员来青海欢迎班禅大师，后藏代表也在来迎接的途中。但安钦呼图克图和王乐阶认为，如果班禅带蒙汉官兵入藏，一定会引起噶厦政府的不满，从而进行阻挠，希望班禅不带卫队，不要国民政府护送，只身回藏。

9月27日，达赖驻京办事处也向蒙藏委员会提出，欢迎班禅回藏，但不须派仪仗队，若班禅须护送，可由藏方派兵至边界迎接。10月27日，噶厦派的三大寺代表等人来到塔尔寺，一方面表示欢迎班禅回藏，另一方面也劝班禅不要带蒙汉官兵。12月下旬，噶厦政府直接致电蒙藏委员会，再次反对班禅带蒙汉官兵入藏一事。噶厦当局阻挠九世班禅入藏毫无道理，蒙藏委员会多次予以驳复，但噶厦当局固执己见，态度愈加强硬。

英国十分担心九世班禅同国民政府关系日趋密切，使英印在西藏的利益受到损害。同年11月9日，英国驻华公使贾德干向国民政府外交部提出抗议，说派卫队入藏违反了《西姆拉条约》第三条。11月17日，英国使馆秘书稗德本给国民政府外交部一份备忘录，反对大师带卫队回藏，并称是噶厦政府的意见，是噶厦政府请英方转告的。

噶厦和英国方面阻挠班禅返藏的主要动机，在于担心国民政府利用班禅返藏这一事件，完全掌握中国对西藏不可分割的主权。而各方对班禅的猜忌，又坚定了九世班禅由中央政府派军护送返回西藏的决心。

在中国对西藏地方的主权这一原则问题上，班禅的态度是非常坚决的。国民政府也不承认《西姆拉条约》，在班禅返藏问题上毫不让步，强调班禅必须带一部分卫队入藏。

1936年1月12日，九世班禅致电蒙藏委员会委员长黄慕松，表示要不顾阻挠，"仍拟依照原定计划，开春入藏。望中央一秉成案，以期贯彻。倘明春行抵藏边，万一藏方有武力拒绝汉兵入藏之时，想善后策划，中央定有成竹。"同时国民政府任命蒙藏委员会委员诚允为护送班禅额尔德尼的专使，成立了专使行署。诚允接受任命后，前来塔尔寺，与九世班禅及其堪布会议厅的官员见面，共同研究护送班禅入藏的问题。诚允向国民政府呈报了护送工作计划，对护送人员的培训及途中调查研究、护送卫队的整饬训练、物资运输的筹备、护送经费的兑换等问题，制订了方案。

6 月 15 日，班禅大师应嘉木样呼图克图之请，由青海塔尔寺来到甘肃拉卜楞寺，受到蒙藏群众数万人隆重的欢迎。

8 月 12 日，行政院批准诚允辞职，派赵守钰担任护送专使。赵守钰带来仪仗队三百人，配备有新式武器，以保卫班禅的安全。21 日，九世班禅与专使赵守钰等从拉卜楞寺启程，向青海省的玉树进发，以便准备从那里启程回藏。12 月 18 日，班禅大师一行到达玉树，数千军民冒雪欢迎。

在这期间，噶厦政府再次明确提出班禅大师不能带蒙汉官兵入藏。同时，英国驻华大使馆又一次向国民政府外交部递交抗议书，反对"中国官兵入藏"。蒙藏委员会认为在英方唆使下，噶厦方面可能会酿成大祸。班禅大师也认为他回藏之事，是"内政问题，倘噶厦果允英人请求，将开外人干涉内政之恶例，于西藏前途，影响至大，务祈设法消弭。"

根据以上情况，国民政府作出决定："一、中藏问题乃内政问题，毋庸英国代为建议；二、中国政府正在设法促进班禅与拉萨间为和平回藏商洽，决不致引起西藏之不安。"国民政府外交部将以上两条告知了新任英国驻华大使许阁森。

同时，国民政府蒙藏委员会拟定班禅回藏三项办法,报行政院批示:"一、仪仗队无论如何依照原定计划护送班禅入藏,藏若反对即以武力殿之,期能彻底解决中藏问题。但此须先作军事上的准备;二、仪仗队护送班禅入藏,驻至半年或一年,由政府调回,在此驻扎期中相机与西藏政府商洽中藏问题;三、即照班禅来电所述西藏代表意见,仪仗队于护送班禅到达拉萨后,即行撤回。以上三项办法中,经慎加考虑,似以第二项办法为较妥。"

1937年1月13日,在西藏当局反对、英国干涉下,国民政府作了让步,即"仪仗队护送班禅到达后,即行撤回",令蒙藏委员会通知了藏方。但是西藏当局和英国对此让步仍不予接受,虽反复交涉、磋商,仍未得到解决。

5月7日,噶厦派出寻访十三世达赖转世灵童的代表到达玉树,请求班禅指示十三世达赖转世的地点与灵童姓名。班禅大师不记前嫌,旋即作了指示,并派策觉林佛、安钦佛两人进行协助。并且,电请马步芳协助,消除了噶厦方面担心马步芳会刁难的后顾之忧。

8月1日,噶厦政府又派人前来欢迎,仍提出班禅不能带卫队回藏的老问题。英国方面也再次干涉。班禅大师即向国民政府报告:"派员交涉数月,均以限制中央人员入藏,究应如何?请示机宜"。

这时,国际国内形势发生了巨大变化。"七七事变"后,日本帝国主义者发动了大规模的侵华战争,国民政府在全国人民压力之下,实行第二次国共合作,并号召全国各族人民团结抗日。国民政府有赖于英美财政和军火的支持援助,因此,蒋介石对英国的无理干涉采取了容忍的态度。

8月18日,班禅大师离开玉树,前往青海与西藏边界的拉休寺,在这里等候西藏方面的乌拉前来承担运输任务，但噶厦政府命令不准向班禅供应乌拉。噶厦政府也给前来欢迎班禅的代表发了密电，指出如果护送官兵进入藏界不便退回，可以采取中央曾经许可的到达西藏即行走海道撤回的办法，班禅应在入藏前对此作出承诺，而且要有国际担保。如若不然，班禅大师到达拉萨时，噶厦将采取武力拒绝。

8月19日，蒋介石突然以行政院院长的名义发布训令，称"抗战期间，班禅应暂缓入藏，先暂住政府指定地点。"蒙藏委员会根据行政院的命令，致电护送专使赵守钰："抗战期间，中英关系必须顾虑，仪仗队入藏，恐起纠纷。班禅如必须入藏，则须俟藏方有确实回音，且派队到境相接，一切妥善后，方可决定。"蒙藏委员会嘱咐赵守钰，要"挽劝班禅，务以大局为重，暂缓启行。"

九世班禅对于国民政府要他暂缓回藏的决定感到非常意外。因为班禅本人非常希望能早日回藏，而且一切准备工作都已经就绪，要他轻易放弃相当困难。班禅大师表示："决不舍中央护送官兵与仪仗队入藏，尤不愿入藏后受拉萨政府限制而与中央疏远。"

为了使蒋介石收回成命，班禅大师决定再作努力，与噶厦政府协商"蒙汉官兵入藏"这个阻挠他返藏的关键问题。9月1日，班禅堪布会议厅、护送专使行署与噶厦的代表以及三大寺代表进行商议，提出：中央所派官员和仪仗队到藏后，休息五月即撤回；在班禅返藏途中，双方不能谈判前后藏没有解决的一切问题；噶厦应从速支付乌拉。

9月25日，噶厦政府回电声称：中央护送官兵到藏后一二月内即由海道撤回；班禅大师和仪仗队要服从前藏政府命令；所有担保字据班禅要签字盖章。噶厦政府的说法实际上是拒绝班禅回藏。

为此，班禅写信给蒙藏委员会，指出噶厦政府的来

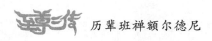

电"含意甚广，毫无欢迎诚意，反欲使班禅与中央断绝关系，听彼指挥"。班禅大师不愿舍中央护送官员与仪仗队入藏，尤其不愿入藏后受拉萨政府限制而与中央疏远，因此表示宁愿牺牲个人，也要顾全大局，愿意接受中央的决定，暂缓西行。同时，向国民政府提出三项要求："一、请中央指定西康甘孜为驻锡地点，并令西康当局切实保护；二、行辕人员众多，经费不敷，在抗战期间，不便请益，原定每月经费四万元，请予优待维持原状；三、拟明年（即 1938 年）四月入藏，请中央不分武力、和平，完成护送成案。倘届时抗战仍未结束，须顾虑外交，则请密咨班禅商同专使，自行设法回藏。"

已决定暂缓回藏的班禅在护送专使赵守钰陪同下率部属于 10 月 8 日离开拉休寺，12 日重返玉树结古寺，行辕设于甲纳颇章殿。噶厦代表和三大寺代表也从拉休寺返回西藏。

九世班禅额尔德尼返藏被阻以后，即感到身体不适。11 月 4 日，班禅大师感到饮食难进，每食即吐，左肋剧痛，手脚渐肿，气喘微咳，不能安卧，而且日趋严重。班禅派人电请内地名医乘飞机前来玉树给予治疗。病重期间，班禅接到蒋介石请求劝说内蒙古各旗王公服从中央，不要独立的电报，大师在病床上命秘书长电告各旗王公遵从中央。10 日，赵守钰带军医为九世班禅看病，军医对各种症状都束手无策。

1937 年 12 月 1 日凌晨 2 时 50 分，九世班禅额尔德尼在玉树结古寺甲纳颇章殿内圆寂，享年 54 岁。九世班禅从 1923 年 11 月出走内地，到 1937 年 12 月 1 日逝世，在国内各地度过了整整 14 年离乡背井、漂泊动荡的生活。

九世班禅圆寂后，行辕将其遗嘱电告国民政府，全文如下：

"余生平所发宏图,为拥护中央,宣扬佛化,促成五族团结,共保国运昌隆。近十五年来游遍内地,深蒙中央优遇,得见中央确对佛教尊崇,对藏族平等,余心甚慰,余念益坚。此次奉派宣化西陲,拟回藏土,不意所志未成,中道圆寂。今有数事切函如下:后藏政务前已委定罗桑坚赞为札萨喇嘛(即札什伦布寺总管),所有宣化使职亦著由彼暂代,在未到职前,印信暂交丁杰佛,并由堪布会议厅及回藏设计委员六人共同负责事宜,请示中央,听候处置。至宣化使署枪支,除卫士及员役自卫者外,其余献于中央,共济国难,待余转生,再请发还。又关于历代班禅所享权利,应早图恢复。最后望吾藏官民僧俗,本中央五族建国精神,努力中藏和好,札萨喇嘛及各堪布,尤宜善继余志,以促实现,此嘱。"

12 月 23 日,国民政府追封九世班禅为"护国宣化广慧圆觉大师",拨治丧费一万元,并派戴季陶前往康定致祭。

班禅行辕堪布会议厅接到这项命令后,全体人员于12 月 25 日将经过防腐处理后的班禅遗体移到甘孜,供于香根拉章,一面按旧例诵经四十九日,一面等候国民政府关于善后处理的具体指示。

1938 年 5 月 25 日,堪布会议厅接到了行政院关于班禅圆寂善后办法的决定:一、西陲宣化使公署即行裁撤;二、班禅行辕保留,办公费依照再度紧缩通案发给;三、班禅年俸停发;四、班禅驻京办事处保留,仍照再度紧缩发给经费;五、班禅驻京办事处附设补习学校,由教育部及蒙藏委员会会同查明,拟具办法呈核;六、西陲宣化使公署无线电台,其原由交通部发给者,仍由交通部处理,余由班禅行辕拟具办法呈核;七、护送专使行署,俟戴院长赴甘孜致祭后,即行结束,仪仗队亦即于同时撤回,行署及仪仗队经费,均就原有核定数目统

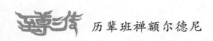

筹核拨；八、其余各项均照蒙藏委员会原拟办法办理；九、行政院拟拨三万元犒慰班禅随侍人员照发。

8月5日，由国民政府考试院院长戴季陶为致祭专使，偕同总参赞向育仁、秘书长许崇灏、秘书陈伯稼等六十余人到达甘孜，下榻孔撒香根精舍。

因国难深重，对九世班禅的追悼活动只能从简。8月8日，戴季陶代表国民政府致祭。9日，考试院的全体职员致祭。10日，唐英师长代表西康建省委员会致祭。戴季陶将带来的的三万元交给堪布会议厅，并代表国民政府向堪布会议厅全体人员表示慰问。23日，护送班禅返藏专使赵守钰、参赞马鹤天、参军高长柱以及仪仗队300人，随同戴季陶离开甘孜返回四川。

1940年2月6日，班禅行辕的全体人员将班禅的遗体从甘孜搬出，转移到青海玉树。班禅堪布会议厅一行转移到玉树后，面临着一个亟待解决的问题，就是九世班禅遗体的处理问题。按照旧例，班禅的遗体应当盛入金塔，在札什伦布寺长期供奉。但当时拉萨当局不准班禅回藏，班禅堪布会议厅只能向国民政府求助，请求向拉萨当局交涉，准将九世班禅的遗体运回札什伦布寺。当时适逢十四世达赖的坐床大典，国民政府利用派蒙藏委员会委员前去主持大典的机会与噶厦政府交涉，噶厦方面同意将九世班禅遗体运回札什伦布寺，并派官员前往玉树与班禅堪布会议厅官员共同研究处理。

4月18日，噶厦官员到达玉树，传达了噶厦的命令，要班禅堪布会议厅由玉树直接护送班禅遗体径回札什伦布寺，不能绕道拉萨。11月4日，堪布会议厅派400多人护送九世班禅遗体从青海玉树启程返回西藏。

1941年2月4日，即藏历铁蛇年正月初八，班禅大师的灵柩到达札什伦布寺，札什伦布寺修建宝塔供养大师的法身。

第十世班禅额尔德尼确吉坚赞（公元 1938～1989 年）

十世班禅额尔德尼确吉坚赞（公元1933～1989年），青海省循化县温都乡人。著名的民族宗教领袖和国务活动家，先后担任了全国人民代表大会常务委员会副委员长和中国佛教协会名誉会长等要职，为维护祖国统一，加强民族团结，发展佛教事业贡献了毕生精力。1989年圆寂。

十世班禅额尔德尼确吉坚赞

一、十世班禅的认定、坐床

　　十世班禅确吉坚赞，俗名官保慈丹，是青海循化县温都乡玛日村人，生于 1938 年（民国二十七年，藏历第十六饶迥土虎年）正月初三。他的父亲名叫尧西·古公才旦，是文都的千户，他的母亲名叫尧西·索南卓玛。这个家族是萨迦款氏的后裔，与元代的萨迦法王八思巴同姓。

　　1937 年 12 月 1 日，九世班禅额尔德尼在青海玉树圆寂。此后，九世班禅转世灵童的寻访与认定，历时 12 年之久。其间，西藏地方政府和班禅堪布会议厅之间纠葛叠起，斗争不断。国民政府遵循历史定制和宗教仪轨，审时度势，制定了一系列的方案，始终关注九世班禅灵童转世和坐床事宜，在最后的关键时刻，当机立断，批准官保慈丹继位为十世班禅额尔德尼。

　　1940 年，达赖喇嘛、热振摄政卜得九世班禅灵童已在"青康境内转生"。班禅堪布会议厅根据这个方位，于1941 年 4 月 22 日呈报了《班禅行辕善后办法》，呈请国民政府批准，派出以札萨喇嘛罗桑坚赞为首、由僧俗官员组成的寻访组分赴各地寻访。

　　罗桑坚赞一行抵达青海西宁后，立即派员分十余路赴青海、西康各地，着手寻访九世班禅转世灵童。到 9月底，寻访组在青海"访获聪明孩童甚多，其中有三四

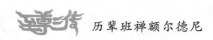

名灵异昭著。西康方面及其他各地，虽有聪明孩童，然无合乎班佛象征者"。10月30日，蒙藏委员会分别致电罗桑坚赞和丁杰佛，要求他们将"寻获各灵童之姓名、年庚、家世先行呈报，以便转呈核夺。"

12月9日，班禅驻京办事处向蒙藏委员会呈送《访得各灵童姓名、年庚、家世略表》，包括先后在青海、西康和不丹国等地寻访到的灵童15名，其中青海的13名，西康和不丹国的各1名。

随着灵童寻访工作告一段落，1942年灵童征认工作开始。蒙藏委员会于2月19日致电罗桑坚赞，请他电嘱恩久佛等，"请西藏当局就灵童名册中所列各名照旧例先行卜定心、口、意化身三名，报候中央核夺"。国民政府行政院制订《征认班禅呼毕勒罕办法》：班禅转世灵童由班禅徒属寻访；班禅呼毕勒罕候选人，准由西藏宗教首领就班禅徒属所报灵童中负责认定三名；呼毕勒罕候选人三名决定后，由西藏政府呈报中央派员在拉萨大昭寺举行掣签，签定一名为呼毕勒罕。

堪布会议厅僧俗官员决定让15名灵异孩童选取与赝品混放在一起的九世班禅生前用过的念珠、书籍、法器等遗物，官保慈丹则毫无差错地选取了九世班禅生前最为心爱的一枚戒指，由于其他灵童表现不突出，官保慈丹的灵异表现很是让在场的僧俗官员欣喜，遂立即选认官保慈丹为九世班禅额尔德尼转世灵童的第一候选人。

1942年4月，恩久佛抵拉萨与西藏当局商磋办理。6月，当访获灵童名单递交西藏当局鉴核时，西藏当局节外生枝，以"班辕在青海各区对于寻访事宜至为详尽，惟于西藏东部之塘泊、贡泊等处及距西藏东部之远近地方，均应去访"为理由，"借口寻访未周，仍须复访"，提出由西藏政府派员在金沙江西岸进一步复访的要求。恩久佛等人"为秉承藏方意旨及避免蜚语起见"，请国民政府接受了西藏当局的意见，并请札什伦布寺派员，以恩久活佛及森格巴为南组，比伦活佛及龙仲堪布为北组，分南北两组再次寻访。1943 年 5 月，寻访结束，然而此次寻访一无所获。但西藏当局"欲将班佛转生于西藏所属之地，希图避免中央势力入藏"的阴谋却暴露无遗。

班禅堪布会议厅鉴于"藏方态度暧昧"，"局势之恶化"，担心"班佛转世夜长梦多"，于是决定，"聘请青海大德，就所寻获诸灵童中卜定灵异最著之官保慈丹为正身，并在塔尔寺先行坐床，一面呈请中央明令公布，并派兵护送入藏。"

1944 年 1 月 15 日，官保慈丹被迎至塔尔寺，举行决定正身典礼。然后，以罗桑坚赞的名义，向国民政府行政院院长蒋介石报告，请求批准。报告内容为："兹于十五日上午十一时，依照宗教仪式，由僧众等执持仪仗奏乐整队，恭迎灵童官保慈丹到金瓦寺，叩拜宝贝佛后，即举行决定正身庆典，是日参加者有青海省政府代表及青海各大活佛、蒙藏王公千百户，并各方僧（俗）代表等约十万余人……此虽系蒙藏民族信仰宗教领袖之真诚，实亦系得获班佛真正化身，故有此圆满之结果也。"

国民政府接到报告后，责成蒙藏委员会拟议办理。蒙藏委员会认为"此案关系重大，未便率而决定，"并提出两种处理办法。第一种办法是"援照第七辈达赖前例，在塔尔寺坐床，派兵护送入藏。"第二种办法是"不派兵护送，仅由中央明令公布，特予征定后，派员入藏举行坐床典礼。"两种办法呈送蒋介石核示，蒋介石批示"仍应照旧例办理。"

1944 年 2 月 8 日，班禅正身庆典于塔尔寺大金瓦殿举行。官保慈丹被请上法座，并由拉科活佛为首的几位

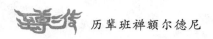

活佛和几名格西为他举行出家仪式,授居士戒、近事戒和沙弥戒,由拉科活佛为他削发,起法名为"洛桑赤列伦珠确吉坚赞贝桑布",简称确吉坚赞。此后十几天,确吉坚赞跟随拉科活佛修习了随许法经典。同时班禅堪布会议厅决定由拉科活佛、久美嘉措和雅嘉活佛三人为确吉坚赞的经师,由嘉雅经师照管他的吃、穿、住、行和诵经等事宜。

班禅堪布会议厅单方面决定班禅转世正身的消息传到西藏后,达赖喇嘛及达札摄政于藏历四月初七日卜定班禅身、心、意化身三名:第一名为青海灵童官保慈丹,第二名为惜琼扎喜(亦系班禅堪布会议厅所寻获灵童),第三名为拉玛(系西藏地方政府派员于西康八宿地方寻获之灵童)。西藏当局除电告中央备案外,还提出"须将三童齐集拉萨,在布达拉宫拈阄决定正身"的要求,但对中央派员赴藏掣签及主持坐床典礼一节,则避不答复。虽经蒙藏委员会多次催询,西藏当局则不予置理,毫无结果。因此,使班禅转世灵童征认事宜搁置下来,无法进展。

西藏当局卜定的三名灵童并不符合中央政府的决定和要求。在1942年时,蒙藏委员会便在"皓仁"、"灰仁"两电中明确规定,西藏当局应就灵童名册中卜定三名,三名灵童卜定后,应呈报中央派员在拉萨大昭寺掣签决定一名正身。但达赖喇嘛及达札摄政卜定的第三人拉玛,并不在名册中,而是由西藏政府派员在西康寻获后,擅自列入候选人之中的。同时西藏当局避而不提中央派员主持掣签和坐床,提出要把三名灵童集中拉萨,把在大昭寺掣签改为在布达拉宫拈阄决定正身。西藏政府这样做的目的,正如罗桑坚赞在给蒙藏委员会的报告中所说:"前藏之阴谋,欲将班佛转生于西藏所属之地,希图避免中央势力入藏,是以不顾班佛正身之真伪与否，深愿在彼之势力范围内自行决定一名，以遂企图。否则，必将借端藉口故意阻碍，使确定事宜，迁延不决。"西藏当局的这种作法，立刻引起中央政府的高度警觉，蒙藏委员会指示"期能完全依照中央既定办法办理。"西藏当局的做法同时也遭到了班禅堪布会议厅的反对。

其间，西藏当局再三催询灵童入藏之事，并称"如罗桑坚赞把持青海官保慈丹灵童，前后藏将与决裂。"而对中央派员主持掣签之事，则仍缄口不提。鉴此，蒙藏委员会于 10 月 17 日分别致电西藏驻京办事处和沈宗濂，坚持由中央派员主持掣签决定班禅正身事宜。

在这种情况下，为了打破僵局，推进班禅转世工作进展，1947 年蒙藏委员会新任委员长许世英就任后，于 1948 年 5 月 15 日拟定了合法、合理两种办法。所谓合法办法，就是卜定的三名灵童需"依照旧例，由中央派员赴藏掣签决定正身"。所谓合理办法，就是"如果青海灵童官保慈丹灵异特著，经班禅堪布会议厅与西藏政府商得一致之意见，呈请中央援照特例予以征认，中央届时亦可考虑，但必得由中央派员赴藏主持坐床典礼。"许世英先后将两种办法面告西藏驻京代表和班禅驻京办事处处长计晋美，并与西藏商务代表团夏格巴等开诚商谈。

10 月 12 日蒙藏委员会致呈蒋介石，再度拟定办理班禅转世办法事宜：一是电达西藏达赖及摄政暨电复札什伦布寺……非依照旧例由中央主持办理，不足以服人心而昭大信。希西藏当局迅将班禅呼毕勒罕掣签日期择定，呈报中央，以便由中央明令特派大员会同西藏宗教首领主持办理掣签及坐床事宜，一面由中央派员率同后藏迎佛及送佛人员护送灵童入藏。二是电令本会驻藏办事处转达西藏政府，中央对班禅转世事，一切均依照旧例办理,绝无派兵护送之意。三是电达西宁马主席就近向班禅堪布会议厅及后藏迎灵童代表王乐阶等双方劝导务必仰体中央爱护西藏之旨,遵照中央宣示之方针,协商解决,以免引起纠纷。同时向达赖喇嘛、达札摄政和噶厦政府重申了班禅转世办法。

中央政府还趁王乐阶来京之机,向他详细申明了中央政府处理班禅转世的方针和方法,并电告达札摄政:

一、在西宁灵童未启行前,中央先行颁布特派蒙藏委员会委员长许世英会同西藏摄政达札班第达主持第十辈班禅额尔德尼转世事宜之明令。

二、西宁灵童入藏,中央决不派遣军队,仅由青海省政府派员一人代表本会护送,以壮行色。现时留青之班禅堪布会议厅人员,如愿随同陪送入藏,中央与西藏均应予以便利。

三、灵童抵藏征认时,如照前辈班禅旧例办理,则于大昭寺释迦佛前诵经后,由中央所派人员掣签决定;如果执事等认为官保慈丹灵童灵异昭著,亦可援照现辈达赖办法,由执事将灵异情形报由中央所派人员转呈总统免予掣签,明令指定为班禅正身,再由中央所派人员依例照料坐床。

收到电报后,西藏地方政府也随即回电,内容有三项:

一、灵童迎到拉萨后,由达赖喇嘛亲自主持诵经祝祷,由摄政达札呼图克图"亲手捧持虔求桑打"决定正身。虔求桑打时,驻藏办事处处长亦可参加。

二、灵童入藏由西藏政府派员迎接保护,中央不必派军队护送,仅由青海省政府派一人为代表即可。

三、班禅转世征认,按中央所定照旧例由金瓶掣签决定正身办法,"不合西藏人众之意",应由达札摄政虔求桑打决定,然后由西藏政府在札什伦布寺照料坐床。

　　西藏地方政府的回电与中央政府的决定存在几点相悖之处：一是用"虔求桑打"(桑打即卜卦之意)代替了金瓶掣签的作法。二是虔求桑打由达札摄政亲手捧持，驻藏办事处处长参加亦可，与中央所定由中央派员掣签有违背。三是拒绝由中央主持转世灵童坐床。

　　蒙藏委员会收到复电后，于12月25日致电达札摄政，说明噶厦政府所拟办法与旧例不符，仍希望"查照本会戌艳电所定原则，再交噶厦复议"，但以后则未接复电。可是，就在此时，西藏政府却派员前往昌都，拟将在八宿寻得的灵童拉玛迎赴拉萨，径自认定为班禅呼毕勒罕，并举行坐床典礼。

　　至此已经不难看出，西藏当局已经决定放弃迎接青海灵童官保慈丹入藏之意图，而置班禅堪布会议厅于不顾，西藏政府拒绝中央主持班禅转世之意，已显露无遗。

　　班禅转世灵童认定事宜迟迟未决，早已引起宗教界人士和有关团体的关注。他们纷纷致电蒙藏委员会，要求中央政府及早明定官保慈丹为十世班禅转世正身，并举行坐床典礼。

　　1949年4月2日，青海塔尔寺法吉觉佛、赛赤呼图克图、土观呼图克图、拉科呼图克图、东科呼图克图、洛藏呼图克图、赛多诺门罕、参智乎诺门罕、却西班智达、米那活佛、安嘉斯活佛等27人代表全寺僧众联名致电蒙藏委员会委员长白云梯，对中央几年来对班禅转世"犹豫不决"表示"忧心如焚"，请求即日明令公布官保慈丹为第十世班禅正身，并请隆重护送入藏，以慰众生。

　　自4月16日至5月24日，蒙古各盟旗联合驻京办事处、喜饶嘉措、青海省政府主席马步芳、章嘉活佛分别致电蒙藏委员会。马步芳的电报指出："班佛转世事宜，不仅为边疆局部问题，及与整个国防大计有关。值此国家多事，外人乘间异想之际，班佛灵童若不早日明令宣布，则时机一失，不惟蒙藏僧俗不无绝望，其中藏前途愈不堪设想"，因此，特电请转呈总统，"准将官保慈丹早日明令宣布为第十世班禅正身，以便入藏继承法统而维边局，并请派大员莅临主持坐床典礼，隆重护送入藏。"

蒙藏委员会经过慎重考虑，于 1949 年 5 月拟具两项办法，呈请行政院核示：一、拟请明令公布官保慈丹为第十辈班禅额尔德尼呼毕勒罕，并准在青海塔尔寺先行坐床，由中央派员前往主持办理。二、关于护送第十辈班禅入藏事宜，拟候时局平静后，再为筹计。

行政院将此议提交该院第 60 次会议讨论，决议呈请总统核批。1949 年 6 月 3 日，国民政府代总统李宗仁在广州颁布了准予官保慈丹继任为第十世班禅额尔德尼、并免予金瓶掣签的命令。全文如下："青海灵童官保慈丹，慧性澄圆，灵异夙著，查系第九世班禅额尔德尼转世，应即免予掣签，特准继任为第十世班禅额尔德尼。"

经国民政府批准后，青海灵童官保慈丹即取得了继承九世班禅额尔德尼的合法地位，成为第十世班禅额尔德尼。

1949 年 8 月 10 日上午 11 时，第十世班禅坐床典礼在塔尔寺普观文殊殿前大讲经院隆重举行。国民政府蒙藏委员会委员长、主持坐床典礼专使关吉玉，副专使、青海省政府主席马步芳的代表马继融会同主持了坐床典礼。在典礼上，关吉玉代表国民政府代总统李宗仁宣读了准予官保慈丹继任十世班禅并免予掣签的命令，颁赐了礼品。是日参加典礼的有青海省政府官员、蒙藏各大活佛、青康甘千百户头人等，共五千余人。

坐床典礼举行后的第二天，十世班禅额尔德尼确吉坚赞向代总统李宗仁致电表示感谢。

16日，李宗仁复电十世班禅，表示祝贺："坐床大典礼成，无任欣慰，至希宏法修持，以教辅政，是所企荷。"

至此，十世班禅完成了继承九世班禅地位和职权的一切政治上和宗教上的合法手续。然后，由嘉雅活佛担任经师，教授十世班禅佛经。

十世班禅额尔德尼确吉坚赞坐床后，一直驻锡塔尔寺，至到1951年12月19日才动身离开塔尔寺，踏上了返回西藏的路程。1952年4月28日，班禅大师行抵拉萨，6月23日终于回到了札什伦布寺。

二、拥护和平解放西藏

20世纪40年代的最后几个月，中国处在伟大的历史转折时期，新中国即将诞生，而国民党政权风雨飘摇，西藏问题也随之更加复杂化，国际国内各种势力都在关注西藏问题。印度驻拉萨代表、英人理查逊唆使达札摄政进行所谓反对共产党的"驱汉事件"。噶厦派人占领了国民政府驻拉萨的电台，并派兵监视国民政府驻藏机构和人员，催促其立即整装启程。当中国人民解放军决定进军西藏完成统一祖国大业时，理查逊积极设法唆使西藏当局进行军事部署，企图抵抗解放军。理查逊派遣其驻拉萨的电台工作人员英国人福特，携带收发报机和大批汽油前往昌都，建立电台、收集军事情报。1949年4月，国民党政府的首都南京解放在即，蒋家王朝即将覆灭。这时的国民政府极力拉拢、诱骗班禅堪布会议厅的主要成员，企图把班禅和堪厅迁往台湾。堪厅的主要成员詹东·计晋美决然作出了正确的决定：

"不去台湾，留在西北，审时度势，视情而行"。当时班禅才 11 岁，虽然不可能决定政治上的重大问题，但他在父母和长辈的影响下，自己也有一个明确的主张：我是藏族人，是喝黄河水长大的，我爱故乡，绝不离开生我养我的土地。

1949 年 9 月 5 日，西宁解放，大师即派计晋美前往西宁，与进驻青海的中国人民解放军领导机关接洽，表示热忱欢迎拥护。通过此次接洽，大师进一步了解到共产党是主张国家统一、民族团结和宗教信仰自由的，从而解除了堪厅内部因听信谣言而产生的顾虑。

1949 年 10 月 1 日，中华人民共和国宣告成立时，班禅堪布会议厅内部争论得非常激烈，年仅 11 岁的十世班禅排除了一切干扰，毅然决定拥护中国共产党的领导。当时十世班禅大师在青海香日德，因为香日德没有发电报的地方，十世班禅大师立即派人到西宁，怀着无限崇敬与爱戴的心情致电毛泽东、朱德与彭德怀，声明拥护中国共产党，拥护人民政府，希望早日解放西藏。

11 月 23 日，毛主席和朱总司令复电勉慰班禅大师："接读十月一日来电，甚为欣慰。西藏人民是爱祖国而反对外国侵略的。他们不满意国民党反动政府的政策，而愿意成为统一的富强的各民族平等合作的新中国大家庭的一分子。中央人民政府和中国人民解放军必能满足西藏人民的这个愿望。希望先生和全西藏爱国人士一致努力，为西藏的解放和汉藏人民的团结而奋斗。"

12 月 9 日，班禅大师命令计晋美向毛泽东和朱德发电报，要求迅速解放西藏。电文说："顷闻西藏拉萨反动当局以'亲善代表团'名义，派遣非法代表赴美等国活动，表示西藏'独立'，企图勾结帝国主义，反抗人民政府，以达其脱离祖国，出卖西藏的阴谋。西藏系中国领土，为全世界所公认，全藏人民亦自认为中华民族之一。今拉萨当局此种举动，实为破坏国家领土主权完整，违背西藏人民意志。谨代表西藏人民，恭请速发义师，解放西藏，肃清反动分子，驱逐在藏帝国主义势力，巩固西南国防，解放西藏人民。本厅谨率西藏爱国人民，唤起西藏人民配合解放大军，为效忠人民祖国奋斗到底。"

新中国成立后，中央确定了和平解放西藏的方针。班禅大师诚心拥护，并为实现和平解放西藏、促进藏汉民族的团结和藏族内部的团结而尽心尽力。1950 年 6 月，班禅派他的代表计晋美等专程来西安面见西北局负责人彭德怀和习仲勋，提出有关解放西藏办法的建议。

1951 年 1 月，亲帝国主义分子达札摄政下台，十四世达赖喇嘛亲政。中央人民政府和西藏地方噶厦政府商定在北京举行和平解放西藏办法的谈判。为此，中央特邀十世班禅进京，共同协商。4 月 22 日，达赖喇嘛派出的以阿沛·阿旺晋美为首席全权代表的和谈代表抵达北京。是日，班禅大师亲自率领班禅堪布会议厅的主要僧俗官员 45 人乘飞机抵达西安，决定从西安转机到北京。飞机到西安时，习仲勋代表西北局和西北军政委员会到机场迎接。

25 日，班禅一行抵达北京，受到中央人民政府副主席朱德、李济深，政务院总理周恩来等国家领导人及各界群众的隆重欢迎。当晚，周总理为班禅设宴接风洗尘。

1951 年 5 月 23 日，在北京中南海勤政殿签订了中央人民政府和西藏地方政府关于和平解放西藏办法的协议，协议共十七条。《协议》中明确规定："西藏人民团结起来，驱逐帝国主义侵略势力出西藏，西藏人民回到

中华人民大家庭中来","西藏地方政府积极协助人民解放军进入西藏,巩固国防。"其中对班禅大师的回藏问题和地位职权问题也做了确认,在第六条写道:"达赖喇嘛和班禅额尔德尼的固有地位及职权,系指十三世达赖喇嘛与九世班禅额尔德尼彼此和好相处时的地位和职权。"《协议》体现了实现祖国统一、民族团结和平等的根本精神,正如班禅大师所说:"从此西藏民族开始了自己历史的新纪元。"

次日下午,十世班禅率领班禅堪布会议厅官员向毛主席致敬。在当晚毛主席为庆祝协议签订举行的宴会上,班禅发表祝酒词说:"多少年来没有解决的中国内部的民族问题——西藏问题,在毛主席领导下胜利地解决了。和平解放西藏是中国多民族大家庭的一件大喜事。中央人民政府、达赖和班禅三方面的团结,只有在中国共产党和人民政府领导下才能实现。"

5月28日,班禅大师及班禅堪布会议厅人员发表声明,表示拥护《和平解放西藏办法的协议》,声明中说:"中央人民政府和西藏地方政府关于和平解放西藏问题已经取得圆满的协议,西藏人民从此摆脱了帝国主义的羁绊,回到了伟大祖国大家庭。中国各族人民都为这一重大事件而欢欣鼓舞,我们是西藏民族,因而有着更加难以言喻的兴奋……事实证明,这一庄严的历史任务,只有在中国共产党、毛主席的领导下,才能胜利地完成……为了西藏民族的彻底解放和发展,为了巩固和发展中国人民的胜利,我们今后坚决拥护毛主席的领导,拥护中央人民政府和中国共产党的领导,为正确执行全部协议,为西藏民族与中国各民族的团结和西藏民族内部的团结而奋斗。"

班禅不仅发表了声明,还于5月30日主动给十四世达赖发了一封表示祝贺的电报。电文中说:"在您亲政之日，……派遣了自己的代表来中央谈判，并签订了关于和平解放西藏的协议，……这是我们西藏民族僧俗人民的伟大胜利，班禅愿竭绵薄，精诚团结，在中央人民政府和毛主席的英明领导下，协助您和西藏地方政府彻底实行协议。为和平解放西藏而奋斗。特电致贺，并衷心地表示我们对您的敬意"。十四世达赖也复电给十世班禅，电文中说："五月三十日来电，此间于藏历六月四日接悉。甚慰。……至于此间我卜卦所得良好征兆，您确是前辈班禅化身。决定后已经公布札什伦布讫。并届时已由卓木(亚东)去电知照北京西藏代表阿沛噶伦矣。现在希望您即速启程回寺，所经道路决定后希先来电为荷。达赖佛于罗布林卡"。这是十三世达赖与九世班禅失和以后，达赖和班禅第一次彼此以友好的态度发生的联系。按旧规旧例，达赖、班禅"圆寂"后，他们"转世"的"灵童"，必须经过彼此承认。这封电报中，达赖首先宣布卜卦的结果是十世班禅"确是前辈班禅化身"，这就是表示承认。

1951 年 12 月 19 日 (藏历铁兔年十月十七日)十世班禅在专人的护送下自西宁启程，开始回藏。

1952 年 4 月 28 日，班禅一行抵达拉萨，受到隆重的欢迎。全体噶伦都来郊外欢迎。中央代表张经武，十八军军长张国华、政委谭冠三，以及西北军政委员会驻班禅行辕的代表范明等人也前来欢迎。

当天下午，班禅在布达拉宫日光殿拜见达赖喇嘛，双方进行了长时间的交谈。这次会见，标志着自九世班禅与十三世达赖因种种原因失和，产生仇视和对立，被迫离开西藏，长期流落内地 29 年后，十四世达赖喇嘛与十世班禅在新的基础上恢复了友好，实现了西藏民族内部的大团结。

班禅在拉萨停留了一个多月。在此期间，达赖和班

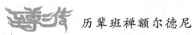

禅各派出代表三人，根据十七条协议的规定，举行了恢复班禅固有地位和职权的谈判。首先需要解决一个关键性的问题：十七条协议明确规定，达赖、班禅的固有地位与职权，是指十三世达赖与九世班禅"彼此和好相处时"的地位及职权。那么，什么时候应认为是"彼此和好相处时"的界限，经过双方根据西藏历史文献与资料的查证与研究，同意以藏历第十五饶迥之火鸡年，即清光绪二十三年，1897年为"彼此和好相处时"的界限，即认为在此以前，是达赖和班禅"和好相处"的时期。这个界限明确以后，达赖派驻札什伦布寺的札萨喇嘛，噶厦派驻札什伦布寺所属各宗、各谿卡的官员，一律撤回，其职权交给班禅及堪布会议厅接管。这标志着和平解放西藏《十七条协议》中关于班禅额尔德尼的固有地位和职权应予维持的规定得到了认真落实，结束了噶厦政府兼管札什伦布寺以及班禅额尔德尼所辖宗族的一切政教事务的历史。

在免除与减少札什伦布寺所属差巴的赋税与乌拉问题上，双方均同意按藏历第十五饶迥火鸡年以前的规定执行，对此也无争论。在谈到札什伦布寺应负担全藏四分之一的军粮问题时，发生了不同的看法。班禅方面认为这四分之一的军粮是火鸡年以后增派的，应予免除。达赖方面则强调这四分之一的军粮是为了抗击英帝国主义的侵略战争而增加的，属于国防费用的性质。今后西藏全区仍有巩固国防的任务，不论是达赖方面的差巴，或是班禅方面的差巴，均应承担一定的巩固国防的义务，不能免除。如果把巩固国防的负担，由达赖一个方面承担，是不公平合理的。

为了解决这个重大问题，中央代表张经武根据中央的指示，向达赖、班禅双方的代表明确通知：今后西藏地方巩固国防的任务，由驻藏中国人民解放军负责。但万一有强敌压境而发生势须戮力同心共卫公益之战争时，应按旧规办理，除此之外，常年军需粮饷，可以悉数免缴。根据这个原则，班禅方面负担的四分之一军粮，也免除了。

6月23日，班禅大师及堪厅随行人员等抵达日喀则札什伦布寺，在那里受到数万僧俗群众隆重而又热烈的欢迎。日喀则宗及其附近的人民组织了各种腰鼓队与歌舞队，唱着吉祥歌，跳着吉祥舞。这是自九世班禅1923年离开后藏以来，班禅系统重回驻地。北洋政府和国民政府花了二十多年时间没有解决的问题，中国共产党领导的中央人民政府只用了一年时间，便得到圆满解决。

1954年，班禅大师当选为全国人民代表大会常务委员会委员，并荣任全国政协副主席。1955年被国务院任命为西藏自治区筹备委员会第一副主任委员。1959年被任命为西藏自治区筹备委员会代理主任委员。同年，在第二届全国人民代表大会第一次会议上，当选为全国人大常委会副委员长。这一年十世班禅才16岁。从此，十世班禅不仅是西藏的政教领袖，而且成为共和国最年轻的国家领导人，肩负起了重任。

三、旗帜鲜明反分裂

班禅大师的一生是为我们伟大祖国统一而奋斗的一生，他旗帜鲜明地坚持爱国主义立场，反对任何分裂祖国的活动。尤其是在西藏分裂与反分裂的斗争中，他几十年如一日地坚持爱国主义立场，旗帜鲜明、立场坚定，表现出了一位伟大的爱国主义者的气魄和本色，为维护祖国统一、维护民族团结建立了不朽的业绩。

1952 年 3 月，西藏拉萨发生了由西藏地方政府两个代理司伦鲁康娃和洛桑扎西等人策动的反对和平协议的伪"人民会议"事件，他们包围了中央代表驻地和阿沛·阿旺晋美的住宅。班禅大师得悉后甚为愤慨，于 4 月 15 日致电达赖喇嘛，要求他"以大智大勇之精神，大慈大悲之佛光"严肃处理这一破坏祖国统一、破坏藏族内部团结，尤其是破坏达赖喇嘛政教威信的严重事件。之后，达赖喇嘛出布告解散了伪"人民会议"，并撤销了鲁康娃和洛桑扎西两人的代理司伦职务。

1956 年 4 月，西藏自治区筹备委员会成立前夕，反动组织"人民会议"分子跳出来，公然上书噶厦和西藏工委，反对成立自治区筹备委员会，反对在西藏进行民主改革。班禅大师多次主持下属官员大会，讨论形势，研究对策。他向官员提出明确要求，做出严格的规定，要求像九世班禅大师那样，维护祖国统一坚定不移，不论遇到多大困难，担多大风险，都要坚持爱国立场。

同年 11 月，达赖、班禅被邀请去印度参加释迦牟尼涅磐 2 500 周年纪念。而这样一次纪念活动却成为西藏分裂主义分子阴谋策划"西藏独立"的又一次机会。达赖喇嘛到印度后，被早年居住在境外的西藏民族分裂主义分子立即追随左右，在帝国主义和外国反动势力的怂恿支持下，阴谋策划"西藏独立"。面对如此严重的局势，十世班禅强调要遵守《十七条协议》，旗帜鲜明地表示拥护中央人民政府的统一领导，反对任何形式的"西藏独立"和"半独立"的分裂活动。

1959 年 3 月 10 日，西藏上层反动集团公然撕毁《十七条协议》，发动了反对民主改革的武装叛乱。随后，达赖喇嘛被叛乱分子劫持。中央只能毅然决定平叛，并且决定了边平叛边改革的方针。周恩来为此发布了命令："为维护国家统一和民族团结，除责成中国人民解放军西藏军区彻底平息叛乱外,特决定自即日起,解散西藏地方政府,由西藏自治区筹备委员会行使西藏地方政府职权。在自治区筹备委员会主任委员达赖喇嘛·丹增嘉措被劫持期间,由班禅额尔德尼·确吉坚赞副主任委员代理主任委员职务。"十世班禅大师对中央的决定表示坚决拥护,并在日喀则隆重集会,发表长篇讲话。他说:"西藏地方政府的叛乱分子和上层反动集团真是罪恶累累,恶贯满盈,他们一贯阻挠和破坏中央人民政府、西藏人民和爱国人士为了彻底实现和平解放西藏协议所作的努力,一贯进行分裂祖国、破坏民族团结的阴谋活动,一贯拒绝改编藏军,一贯反对西藏人民经过民主改革逐步走向繁荣幸福的社会主义社会。"班禅大师大义凛然地站在祖国和人民一边,同叛乱分子进行了坚决的斗争,并为平息叛乱、实行民主改革,为百万翻身农奴的彻底解放和西藏的繁荣发展作出了自己的贡献。

　　1959年4月8日,班禅大师主持召开西藏自治区筹备委员会扩大会议。4月22日,大师在自治区筹委会成立大会上发表了内容充实、坚定有力的报告,肯定了西藏和平解放以来认真执行"十七条协议"各方面工作取得的巨大成就,有力地批驳了分裂主义分子利用宗教造谣生事、反对民主改革、进行分裂活动的谬论。

　　会议刚闭幕,大师又赶赴北京,出席第二届全国人民代表大会第一次会议和第三届全国政协第一次会议。他先后两次分别在人大和政协会议上发言,揭露西藏上层反动集团分裂祖国的罪行。他在人大会议上的发言中驳斥所谓"西藏独立"的反动谬论,他说:"西藏绝大多数人民和祖国各族人民一样,认为维护祖国统一和各民族的团结,反对帝国主义侵略,是自己最根本的利益。西藏人民根据切身的经验懂得:脱离祖国的必

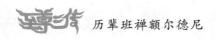

然结果，并不是什么西藏的独立，而是把西藏变作外国的殖民地和保护国。"他严肃地宣布："我代表全体西藏僧俗人民在这里对全国人民代表大会代表郑重声明：我们西藏永远是中国的西藏，我们永远不许任何外国人干涉我们西藏和我们中国的事情。"

1979年以后，分裂势力抬头，内外呼应，西藏又有人打出了"独立"旗号。班禅依据充分的历史事实，有力有理地驳斥"西藏独立"的谬论。不论讲经传法时，还是政务活动中，他都屡屡强调要爱国，要加强各族人民之间、特别是藏汉民族之间的团结。班禅多次表示："我维护祖国统一的立场是坚定不移的。对于分裂祖国的行径，我过去反对，现在反对，将来也反对。我愿为维护祖国统一的伟大事业作出最大牺牲。"

1987年至1988年，西藏的少数分裂主义分子与国外达赖分裂势力相勾结，在拉萨制造了几次骚乱事件。班禅大师在电视广播讲话中、在中外记者招待会上，多次严厉谴责分裂主义分子制造骚乱和分裂祖国的罪恶行径，他利用自己的特殊身份，向广大藏族人民进行爱国爱教的教育。1987年10月8日，班禅大师发表长篇讲话，谴责分裂活动。他说："西藏是中国领土不可分割的一部分，这是自元朝以来一直存在的客观事实。汉族、藏族及其它民族一道，经过长期英勇奋斗，共同缔造了统一的、多民族的社会主义祖国，组成了平等、互助、团结、和睦的民族大家庭，结成了谁也离不开谁的亲密关系。西藏存在于中华人民共和国的版图之内，符合西藏人民的根本利益和长远利益，这是任何人也改变不了的。"他还说："搞宗教活动要在爱国的前提下进行。大家首先要爱国，拥护中国共产党的领导，热爱我们的祖国——中华人民共和国，维护国家的统一和各民族的团结，特别是藏汉两个民族的团结。其次要爱教，遵循佛祖的教导，严守戒律，学好宗教知识，多做善事，弘扬佛法。"

四、中国共产党的忠实朋友

班禅大师是中国共产党的忠实朋友，他始终如一地拥护中国共产党的领导，长期与中国共产党同舟共济，肝胆相照，荣辱与共，合作共事。为了维护党的威望和形象，他经常向党中央就西藏和其它藏区工作提出中肯的意见、建议乃至尖锐的批评。

1960 年至 1961 年间，十世班禅作为副委员长，不仅负责西藏工作，还亲赴青海、甘肃、四川、云南等省的藏族地区视察。他在视察过程中，发现这些地区在平叛、合作化、人民公社化、草原建设、农田基本建设等方面，尤其是在执行民族、宗教、统战政策方面，存在"左"的错误。很多地方政权没有认真贯彻执行中央的方针政策，出现了许多过火行为，大搞暴风骤雨式的群众运动。班禅大师了解情况后，心中极不愉快。向中央领导和有关领导部门反映他所了解的情况和意见要求，虔诚地期望错误的东西能够尽快地得到纠正，中央领导指示的正确方针能够切实地贯彻执行，使西藏和其它藏族地区的社会主义建设事业，能够走上健康发展的轨道。

1961 年 1 月 23 日，班禅回到北京，毛主席在中南海同他谈话，在座的有刘少奇、周恩来、陈云、邓小平、李维汉、张经武等。毛主席指出，现在西藏要纠正"左"的偏向，并就如何纠正"左"，从六个方面做了详尽指示。次日，周总理又同班禅谈话，还宴请了班禅和他的父母、经师和随行人员。周总理强调指出，改革运动中出了点"左"，要纠正，希望班禅回去帮助那些地方的党政领导纠正"左"的错误。

1961 年至 1962 年间，班禅大师继续在西藏和川、青、滇藏区视察，调查研究。1962 年初，还到甘肃、新疆考察民族工作。他在深入调查中发现，党中央、毛主席、周总理的指示，在很多地区没有得到很好的贯彻落实。班禅认为，自己有责任做疏通工作，向中央反映真实情况。他还认为，光口头讲不行，要写成系统的材料向党中央、毛主席报告。

班禅大师从青海等地出现的情况，联系西藏的情况，经过几个月的酝酿和思考，于 1962 年 6 月上旬，给国务院递交了一份题为《通过敬爱的周总理向中央汇报关于西藏和其它藏族地区群众的疾苦和对今后工作的建议》(后来习惯称之为"七万言书")。班禅大师在这个报告中，系统地、直言不讳地提出了他对西藏及其它藏区工作的批评和建议。班禅大师的"七万言书"，实际上是在民族工作方面，尤其是在西藏和整个藏区工作中，批判"左"的错误的一份珍贵的历史文献。

班禅的"七万言书"上报后，中央十分重视，责成李维汉、习仲勋召集有关负责人研讨，提出改进西藏工作的意见，形成《加强自治区筹委会工作，改进合作共事关系（草案）》、《关于继续贯彻执行宗教信仰自由政策的几项规定（草案）》、《继续贯彻执行处理反、叛分子规定的意见（草案）》和《培养和教育干部的具体办法（草案）》四个文件，并以班禅副委员长和张经武将军的名义上报周恩来总理和党中央，很快得到了中央批准。

遗憾的是，1962 年党的八届十中全会后，"左"的指导思想逐步在全党占了主导地位，贯彻四个文件的工作被迫中断。

1964 年 9 月，西藏自治区筹委会第七次(扩大)会议对班禅大师错误地进行了点名批判，并且作了极不公正的处理。班禅大师区筹委会代主任职务被撤销，接着在人大和政协的职务也被撤销。

1966 年"文革"开始后，少数红卫兵不顾中央的指示，擅自召开批斗大会，并抄了十世班禅的家。1968 年夏，林彪集团把班禅带走，送去"隔离监护"，实际是投入监狱，直到粉碎"四人帮"以后，十世班禅才于 1977 年 10 月重新获得自由。

班禅大师虽然遭受了冤屈，但丝毫没有改变他爱祖国、爱人民的初衷。1979 年，十世班禅在全国政协五届二次会议上当选为副主席，接着又在全国人大五届三次会议上当选为副委员长，重新走上了国家领导人岗位。有人问他对"左"的路线给他带来的精神和肉体的伤害有何感想，他说："与老一辈革命家们所受到的迫害相比，我这点委屈算不了什么，党中央已经给我彻底平反，使我在政治上获得第二次生命，重新得到了为全国各族人民和藏族人民服务的机会。""我恳切地希望大家摒弃前嫌，团结起来向前看，互相谅解，互相勉励，互相帮助，互相支持，团结一致，并肩携手共同为四化建设出力！"

班禅大师恢复工作后，在政治和宗教方面的活动逐渐增多。为了了解民情，做好工作，他经常到全国各地视察访问，12 次到西藏、青海、四川、甘肃等地做宣传调查、了解情况，足迹踏遍整个藏区。每到一处，十世班禅大师为了满足信教群众的要求，都要公开讲经。讲经之后，他都要讲一讲党的宗教信仰政策，号召信教群众多做有利于国家、有利于民族、有利于各族人民的好事。班禅大师利用视察访问的机会热情地宣传党和政府的各项方针政策，强调祖国统一、民族团结和各民族共同繁荣发展的重要性。他经常强调要"按照宪法和法

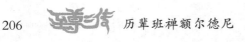

律充分地正确地行使民族区域自治权。"他十分重视民族团结，强调要"加强藏族和汉族、藏族和其他少数民族、藏族内部的团结"，"不要分前藏、后藏、康区、安多，都要团结。"1982年6月班禅大师回到了阔别10多年的西藏。他满怀喜悦地说："西藏是我的第二故乡，是我同许多老同志、老朋友一道曾经工作过几十年的地方，我对西藏怀有深厚的感情。"

班禅大师把他一生的思想和行动，总结为"四爱"原则，这就是爱共产党，爱祖国，爱自己的民族，爱自己信仰的宗教。他说："在我的思想和行动上，这四爱原则是统一的，而爱共产党是前提。没有共产党，就没有社会主义祖国，就没有我们藏族和祖国各民族的发展进步，也就没有真正的宗教信仰自由。从我个人来说，没有共产党的领导、教育、关怀和帮助，就没有我班禅的今天。"

五、藏传佛教的杰出领袖

班禅大师作为我国藏传佛教的杰出领袖，在佛教经典的研习上有较深造诣。1956年在西藏日喀则札什伦布寺辩经大法会上，考取"噶钦"学位。从1956年起，他就在塔尔寺和札什伦布寺开讲佛教经典《菩提道次第广论》、《时轮金刚灌顶法》等显密教义。他精心钻研宗喀巴大师的经学著作，著有《菩提道次第广论简释》、《双身喜金刚生圆次第》等佛学著作。

班禅大师博闻强识，过目成诵。他释经时深入浅出，引人入胜，诵经时激情洋溢，深受群众的尊敬和拥戴。在札什伦布寺、塔尔寺和四川省的甘孜寺等处举行的大规模的法会上，他每次都认真准备，多次讲解《菩提道次第广论》、《时轮金刚灌顶法》等显密教义。在讲解《时轮金刚灌顶法》前还同经师嘉雅活佛一起准备一段时间，就经典中的问题进行反复探讨。班禅大师在藏区进行宗教活动最普通的形式是接受群众的膜拜和向群众宣传国家的各项方针政策，尤其是宗教政策。

班禅大师在他生前最后一次讲话，即第五世至九世班禅遗体合葬灵塔祀殿班禅东陵札什南捷开光典礼上的讲话中，又一次精辟地阐述了佛教教义。他说，佛教教义的核心是诸恶莫作，诸善奉行，清净我心，庄严国土，利乐有情，广积功德。我们重建班禅灵塔的重要目的，正在于发扬历世班禅大师在宗教上净心修持、弘扬佛法，在政治上坚持爱国立场、为国运昌隆人民安乐而努力的精神，以此来纪念历世班禅的恩惠。

班禅大师一方面积极协助党和政府贯彻宗教信仰自由政策，维护寺庙和僧尼的合法权益，一方面顺应社会的发展，为使藏传佛教能逐步同我国的社会主义制度相适应做了许多有益的工作。

多年来，班禅大师致力于探讨在社会主义条件下如何管理寺庙和培养僧尼等重大问题。大师认为：培养和造就一支政治上拥护共产党领导、拥护社会主义、热爱祖国、遵纪守法，宗教上虔诚信教、爱寺爱教，有较高深的佛教造诣的佛教知识分子和宗教职业人员队伍，是实事求是地贯彻党的宗教政策，真正做到寺象寺、僧象僧的关键环节，是继承和发展佛教文化的需要，是团结信教群众的需要；在当前和今后一个时期中，也是同国外的分裂势力作斗争，维护祖国统一的需要。大师还指出："我们培养一大批热爱祖国、懂得党的政策，又有一定宗教学识的宗教职业人员，就是要发挥他们的作用，去满足信教群众生活的需要。团结广大群众，为社会主义的两个文明建设出力。同时，使那些披着宗教外衣进

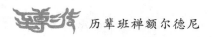

行分裂活动的反动分子的阴谋不能得逞。"

大师通过总结多年经验和在札什伦布寺进行试点，提出一系列改进和加强寺庙民主管理的措施，主要有：

（一）寺内首先要建设一个遵循爱国爱教原则的、密切联系群众、热心并善于寺庙管理的民主管理委员会（或管理小组），以保证寺庙的一切工作和活动在同社会主义相适应的轨道上正常发展，并维护寺庙和在寺僧众的合法权益。

（二）必须建立和健全必要的规章制度。把"以法治教"与"以教治教"结合起来，使寺庙管理法律化、制度化、规范化。

（三）在认真组织全体僧众学习经典、学习文化、学习政治的基础上，努力培养一批既爱国守法，又有较高宗教学识的佛学人才。

（四）对在寺僧众进行爱国主义、社会主义教育和民族团结教育、法制教育以及形势教育，不断提高在寺僧众的爱国主义和社会主义觉悟，增强法制观念。

（五）坚持"以寺养寺"。

（六）少收布施，禁止摊派。

班禅大师除了关心藏传佛教的发展外，还非常关心西藏的经济、文化建设。为了支援西藏的经济建设，他亲自筹备并于 1987 年 4 月 15 日在北京成立了援助西藏发展基金筹委会，班禅大师和阿沛·阿旺晋美副委员长担任筹委会主任。基金会的章程（草案）明确规定："援助西藏发展基金会的任务是联络国际友好人士，国际友好组织、团体、政府、国外藏胞、海外华侨以及国内各方面人士，旨在通过各种渠道筹集资金，为西藏的各项建设事业提供辅助性的援助。"在班禅大师的亲自过问下，这个筹委会成立以来，对内对外已做了不少有益的工作。

　　班禅大师十分关心继承和发展历史悠久的藏族优秀文化传统，非常重视发展教育事业，十分重视藏语文的学习、使用和发展。他曾多次讲"小学生要教民族语文，中学可以本民族语文和汉文同时教"，"建议建立一所藏文大学"，"招工招生要考试本民族语文"。1987 年 7 月他在西藏视察工作期间，同阿沛·阿旺晋美副委员长一起提出了关于学习和使用藏语文的建议，得到了自治区党、政领导同志的充分重视，并在自治区人大会议上通过了《关于学习、使用、发展藏语文的若干规定》，还成立了藏语文工作领导机构，随后又制定通过了实施细则。

六、过度操劳英年早逝

　　1989 年 1 月 9 日，班禅大师乘专机离开北京，前往西藏日喀则市札什伦布寺，主持五世至九世班禅大师遗体合葬灵塔祀殿——班禅东陵札什南捷开光典礼。

　　班禅大师到达拉萨的第二天，就去参拜大昭寺。14 日，驱车 300 公里赶到日喀则。22 日，主持了 5 个小时的开光典礼，在典礼仪式上发表了生前最后一次重要讲话，赞扬了党的宗教政策，赞扬了汉藏民族的大团结，重申了爱党、爱国、爱教、爱人民的信念。

　　接着他召集一系列座谈会。1 月 23 日，班禅邀请参加开光典礼的地专级以上干部举行座谈会，征求他们对藏区工作的意见。25 日与有关同志商讨工作。他还不顾连日劳累，26 日为数万名信徒摩顶祝福。27 日听取灵塔建设办公室同志汇报工作，研究表彰奖励建塔有功人员；晚上宴请日喀则地区县以上干部，直至 28 日凌晨 1 时多才上床休息。

28 日凌晨 4 时许,班禅大师感到身体不适,胸部疼痛,医务人员给服了药,躺下小睡了一会儿。8 时半醒来,大师说"好多了",神志也很清醒。8 时 35 分,大师心脏突然抽搐,神志不清,虽经多方紧急救治,结果抢救无效,不幸于 1989 年 1 月 28 日在他的新宫德庆格桑颇章圆寂,享年 51 岁。噩耗传来,举国震惊,作为一个年轻的国家领导人,过早地猝然去世,藏族人民和全国人民无不感到极为痛惜。

第二天,全国人大常委会发布讣告:班禅额尔德尼确吉坚赞的逝世,使我们国家失去了一位伟大的爱国主义者和国务活动家,藏族人民失去了一位杰出的爱国爱教的宗教领袖。这是我们国家的一个重大损失,是包括藏族人民在内的全国各族人民的一个重大损失。国务院、全国政协、各民主党派等给全国人大常委会发来唁电。

班禅大师圆寂的第三天,国务院做出决定,国家拨专款 6 406 万元,包括 614 公斤黄金、275 公斤白银及大量珠宝等,在后藏札什伦布寺为大师修建一座金箔灵塔,实行塔葬,并要求札什伦布寺民管会一定要保护好大师法体。

班禅大师的灵塔祀殿取名为"释颂南捷",意为三界圣者的灵塔祀殿。这座耸立在日喀则的灵塔祀殿表达了西藏人民对大师的崇敬之情,它是党和政府对大师伟大爱国主义精神的充分肯定,是各族人民对班禅大师永恒的纪念,也是班禅大师用自己的一生在人民心中建立起来的一座爱国主义和民族团结的丰碑。

后　记

2005 年暑假前,青海人民出版社的同志与我联系,告诉我他们正在策划出版一套配图的"至尊三传"小丛书,包括《宗喀巴大师》、《历辈达赖喇嘛》、《历辈班禅额尔德尼》,并问我能否承担文字撰写工作。我虽与本丛书策划者从未谋面,但觉得这是一个很好的选题,便答应了后两种图书的编撰任务。

达赖喇嘛和班禅额尔德尼是格鲁派最大的两个活佛转世系统,对 17 世纪以后西藏社会和历史的发展产生和正在继续产生着巨大的影响。所以,欲了解 17 世纪后,尤其是近代以来的藏族发展史,必先熟悉达赖喇嘛和班禅额尔德尼两大活佛转世系统的演变历史。实际上,达赖喇嘛和班禅额尔德尼活佛转世系统一直是国内外藏学界研究的重点和热点。而且,随着改革开放政策在西藏的全面、深入实施,尤其是自青藏铁路开通以来,众多国内外人士对西藏的兴趣也日益浓厚。青海人民出版社同志的策划正好能够为人们提供一个理解西藏社会、历史和文化的窗口。

按原计划,《历辈班禅额尔德尼》的初稿本应在 2006 年暑假前完成,但由于参加人员的变动,直到 2007 年春节后才最后完稿。本书撰写的具体分工如下:

第一至第五世、第十世班禅额尔德尼　杨涛源 索南旺杰

第六至第九世班禅额尔德尼　　　　　　金　雷

这本《历辈班禅额尔德尼》的完成,是上述同志共同努力的结果。本人进行了全书的统稿和修润工作。

　　需要说明的是,这本《历辈班禅额尔德尼》是对前人研究成果的汇总和梳理基础上形成的,内容中引用了前人及当代学者的研究成果。由于本书是一册面向普通大众的读物,为便于阅读及体现平实通畅的风格,我们最终删去了原有的注释,而在书后列出了主要的参考书目,以示对前人成果汲取的谢意。或有疏漏,在此深表歉意!

　　最后,衷心感谢青海人民出版社的同志为此书付出的艰辛劳动。

编　者

2007 年 10 月 28 日

参考文献

1．牙含章编著．《班禅额尔德尼传》．西藏人民出版社．1987 年．

2．牙含章编著．《达赖喇嘛传》．人民出版社．1984．

3．丹珠昂奔主编．《历辈达赖喇嘛与班禅额尔德尼年谱》．中央民族大学出版社．1998 年．

4．陈庆英．《四至九世班禅大师以及他们的灵塔》，《青海社会科学》．1989 年第三期．

5．江平等著．《班禅额尔德尼评传》．中国藏学出版社．1998 年．

6．王辅仁、陈庆英著．《蒙藏民族关系史略》．中国社会科学出版社．1985 年．

7．陈庆英、丁守璞主编．《蒙藏关系史大系·宗教卷》．外语教学与研究出版社．2001 年．

8．王辅仁著．《西藏佛教史略》．青海人民出版社．1982 年．

9．中国藏学研究中心、中国第一历史档案馆、中国第二历史档案馆等合编．《元以来西藏地方与中央政府关系档案史料汇编》．中国藏学出版社．1994 年．

10．冯智．《略论五世班禅在康雍治藏中的历史作用》，《中国藏学》．2005 年第 1 期．

11．冯智．《五世班禅未能晋京原因探讨》，《中国藏学》．1998 年第 4 期．

12．朱丽霞．《从几组数字分析五世班禅时班禅系统的社会影响力作用》，《西藏研究》．2003 年第 1 期．

13．嘉木央·久麦旺波著．《六世班禅洛桑巴丹益希

传》．许得存、卓永强译．西藏人民出版社．1990 年．

14．李鹏年、陈锵仪主编．《六世班禅朝觐档案选编》．中国藏学出版社．1996 年．

15．土观·洛桑却吉尼玛著．《章嘉国师若必多吉传》．陈庆英、马连龙译．民族出版社．1988 年．

16．陈锵仪、郭美兰．《六世班禅承德入觐述略》，《中国藏学》．1992 年第四期．

17．星全成．《从五世班禅受封及六世班禅进京看清朝对西藏的治理》，《青海民族学院学报》．2006 年第 2 期．

18．王家鹏．《故宫中的藏传佛教艺术珠宝（二）—六世班禅大师在北京的纪念》，《中国西藏》（中文版）．2002 年第一期．

19．佟洵．《班禅与藏传佛教圣地西黄寺》，《北京联合大学学报》．1997 年第四期．

20．李德成．《"写寿班禅圣僧并赞"碑述略》，《中国藏学》．1998 年第二期．

21．李秉铨．《献身于民族大家庭的六世班禅大师》，《中央民族大学学报》（哲学社会科学版）．1988 年第一期．

22．王家鹏．《六世班禅的一封奏书》，《紫禁城》．1988 年第一期．

23．李钟霖．《六世班禅赴京入觐及其道程》，《青海民族学院学报》．1986 年第二期．

24．黄崇文．《须弥福寿之庙的建立及其历史意义》，《西藏研究》．1989 年第三期．

25．杜江．《六世班禅朝觐乾隆事略》，《西藏研究》．1984 年第一期．

26．廖祖桂、陈庆英、周炜．《论清朝金瓶掣签制度》，《中国社会科学》．1995 年第五期．

27．不著撰人、吴丰培整理．《番僧源流考》．西藏人民出版社．1982 年．

28．（意）伯戴克著．《十八世纪前期的中原和西藏》．周秋有译．西藏人民出版社．1987 年．

29．李然．《六世班禅朝觐与廓尔喀入侵》，《承德民族师专学报》．2004 年第三期．

30．马连龙．《七世班禅罗桑巴丹旦贝尼玛年谱》，《西藏研究》．1989 年第四期．

31．（印）萨拉特·钱德拉·达斯著、（美）W．W．罗克希尔编．《拉萨及西藏中部旅行记》．陈观胜、李培茱译．中国藏学出版社．2004 年．

32．中国藏学研究中心、中国第二历史档案馆编．《九世班禅内地活动及返藏受阻档案选编》．中国藏学出版社．1992 年．

33．皮明勇．《九世班禅返藏受阻与国民政府的治藏策略》，《近代史研究》．2000 年第 4 期．

34．伍昆明．《英印政府分裂中国西藏的阴谋与九世班禅赴印》，《民族研究》．1999 年第 1 期．

35．马连龙．《九世班禅却吉尼玛生平事略》，《青海社会科学》．1989 年第 4 期．

36．辛补堂、王学斌、孙文山．《反帝爱国维护民族团结的九世班禅》，《文史月刊》．1996 年第 4 期．

37．江平、李佐民、宋盈亭、辛文波、廖祖桂．《第九世班禅额尔德尼·曲吉尼玛评传》，《中国藏学》．1997 年第 3 期．

38．郭弘．《终生忧患未忘国——九世班禅曲吉尼玛述评》，《甘肃社会科学》．1993 年第 4 期．

39．中国藏学研究中心、中国第二历史档案馆编．《九世班禅圆寂致祭和十世班禅转世坐床档案选编》．中国藏学出版社．1991 年．

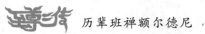

40．冯都.《"最好的爱国者"——十世班禅大师的悲欢人生》,《党史文汇》. 2005 年第 3 期.

41．麦群忠.《十世班禅蒙难始末》,《文史精华》. 2005 年第 6 期.

42．陈立旭.《毛泽东与十世班禅》,《青海民族学院学报》. 1996 年第 1 期.

43．冯都.《十世班禅轶事》,《四川统一战线》. 2002 年第 11 期.

44．王兆国.《爱国爱教、团结进步的典范——纪念第十世班禅额尔德尼逝世十周年》,《法音》. 1999 年第 2 期.

45．赵志研.《怀念十世班禅大师》,《中国民族报》. 2006 年 1 月 27 日.

46．王元慎.《"最好的爱国者"——十世班禅大师》,《中国行政管理》. 1999 年第 9 期.

47．李佐民.《十世班禅大师轶事》,《中国统一战线》. 1999 年第 6 期.

48．王元慎.《记十世班禅大师》,《纵横》. 1999 年第 10 期.

49．黄佳.《深切缅怀十世班禅大师 宏扬大师的伟大爱国主义精神——纪念十世班禅大师逝世十周年》,《西北民族学院学报》. 1998 年第 2 期.

50．乌尼日.《维护祖国统一与民族团结的楷模——十世班禅额尔德尼·确吉坚赞》,《广西大学学报》. 1997 年第 2 期.